WIJ ZIJN ANGELA

WIJ ZIJN
ANGELA

INGELEID DOOR
MARCIA LUYTEN

UITGEVERIJ PLUIM
AMSTERDAM/ANTWERPEN

Eerste druk, maart 2020

Omslagontwerp Studio Loudmouth
ANP FOTO 2016 / Kai Pfaffenbach/Reuters
Typografie binnenwerk Michiel Niesen, Haarlem
Productiebegeleiding Tim Beijer
Drukkerij Wilco, Amersfoort

ISBN 978 94 929 2893 1
NUR 321

www.uitgeverijpluim.nl

INHOUD

INLEIDING

Angela, de Soeverein

Wie de vraag stelt naar het geheim van Angela Merkel, die vraagt erom te worden belogen. Er is geen wezenlijk geheim. Met Angela Merkel krijg je wat je ziet. Zij heeft niks op te houden, niks te veinzen. Op het politieke wereldtoneel waar beeldvorming in kracht wedijvert met beleid, vallen bij Angela Merkel schijn en wezen volledig samen: slim, sober, stevig en barmhartig.

Tegelijkertijd wordt Angela Merkel gezien als een enigma, een raadsel, omdat ze weigert haar persoonlijk leven prijs te geven aan de openbaarheid. Een enigma, ook omdat ze vriend en vijand verbijsterd achterliet toen juist zij, een onopvallend, ietwat onooglijk meisje uit Oost-Duitsland werd wat ze voor altijd zal zijn: de eerste vrouwelijke bondskanselier van Duitsland. Hoe was dat gebeurd?

In *Wij zijn Angela* werpen tien auteurs vanuit hun eigen vak licht op het fenomeen Angela Merkel. Ze beschouwen de verschillende facetten van Duitslands achtste bondskanselier: haar voorkomen, haar politieke stijl, haar inhoudelijke politiek en haar persoonlijkheid. Wat overheerst is bewondering, gevolgd door verwondering over deze slimme, eigenzinnige en taaie vrouw.

Zoals schrijver Manon Uphoff het in haar brief aan Angela Merkel verwoordt: 'U bent voor veel vrouwen en mannen een inspiratie – of toch minstens een fascinatie. Vanwege de manier waarop u zich met humor, tact, bescheidenheid, onverzettelijkheid, kleurrijke broekpakken en een gewetensvolle aanpak door de wereldpolitiek beweegt. Ja, vanwege de manier waarop u zich beweegt door en in dit troebele water.'

Haar voorkomen, het degelijke, functionele broekpak, is een haast iconisch beeld – het wordt in deze bundel vaker besproken. Dat zou kunnen suggereren dat voor Angela Merkel uiterlijk zwaar telt. Het tegenovergestelde is waar. Mode is niet Merkels ding. Zij heeft wezenlijker zaken aan haar hoofd. Zo wandelt ze op vakanties altijd in dezelfde lievelingsblouse. Hoezo armoedig, vraagt *Volkskrant Magazine*-redacteur Evelien van Veen, dat is sympathiek en duurzaam. Maar niemand is zonder uiterlijk, en wie volop in de schijnwerpers staat, kan er last van of baat bij hebben. En dus moest Merkel er iets mee.

Cécile Narinx, stijlredacteur van *de Volkskrant*, ontleedt de psychologie van Merkels voorkomen. Twee belangrijke kenmerken. Haar uiterlijk drukt uit wat ze altijd was: heel gewoon. Zonder kapsones, geen franje. En twee: de 'granieten consequentie' van het aankleden. Merkel draagt in functie een uniform: de *Jacke mit Hose*. De Hose is recht en meestal donker. De Jacke altijd effen, met drie of vier knopen, rechte zakken en een vrolijke, niet-schreeuwerige kleur. Haar uiterlijk is weggeschreven in de banaliteit van profane zaken. Haar uniform is een ontwerp van functionaliteit. De boodschap volgens Narinx: 'Mode is vergankelijk, Merkel blijft.'

Er is een outfit die modeseizoenen overleeft, er is één ontwerper. Haar en make-up zijn corvee, dus komt elke ochtend iemand om dat te doen. Het kapsel blijft veertien uur in model. Haar kledingstijl is het eerste en meest zichtbare product van Merkels pragmatisme.

Verwant aan haar uiterlijk is Merkels politieke stijl. Onbetwist kenmerk van die politieke stijl is – wederom – haar pragmatiek, met ook hier het onwrikbaar consequente van de uitvoering. Merkel is de contrastkleur van frivoliteit en verrassing. Zo ontstond dat beeldmerk van de *Bundeskanzlerin*: de handen gevouwen in een ruit. De pose was bedacht uit ongemak, Merkel wist zich geen houding te geven, waarop waarschijnlijk een adviseur de ruit heeft geopperd. Een tikje vreemd oogde het in het begin, maar eenmaal volgehouden werd het deel van Merkels eigenheid: sterk, opgeruimd en onmiskenbaar Merkel.

Vooral de in macht achtergebleven mannen hadden de behoefte haar te denigreren. Het badineren kon haar niet raken. Sterker, als een ware geus liet ze bijnamen in haar voordeel werken. Margriet Brandsma en Evelien van Veen beschrijven hoe de gezworen kameraden van het Andespact, jonge CDU-mannetjes, elkaar de macht hadden beloofd. De volgende bondskanselier zou uit hun kring komen. De jonge Oost-Duitse vertrouwelinge van Helmut Kohl, door de bondskanselier zelf das *Mädchen* gedoopt, was voor hun *Wille zur Macht* geen enkel gevaar. Maar de kroonprinsen van Helmut Kohl hadden buiten Angela Merkel en haar tactisch vernuft gerekend. Merkel bleek de door iedereen onderschatte, slimme speler.

Merkel werd de eerste Oost-Duitse, de eerste vrouwelijke en de jongste bondskanselier. Het *Mädchen Merkel* werd *Mutti Merkel.* Dat beeld van de slovende ploetermoeder was opnieuw een pesterij om haar gebrek aan flair aan te wrijven. In de woorden van journaliste Sophie Derkzen: 'Het denigrerende "Mutti" boog ze om tot het beeld van een geruststellend gewoon gebleven moeder des vaderlands.'

Ook dit kunnen we van Merkel leren: politieke judo. De aanval van de tegenstander zo pareren dat je zijn energie transformeert en inzet in je eigen voordeel. Gericht tegen de aanvaller zelf. In dit geval werd een negatief bedoelde stereotypering haar oersterke merkbeeld. Een dat ze inzette in de verkiezingscampagne van 2013. Groot op de affiches stond: SIE KENNEN MICH. U kent mij toch? Bij Angela Merkel bent u in veilige handen.

Vertrouwenwekkend als ze is, beschikt Merkel over machtige wapens. Ze past zich snel aan een nieuwe realiteit aan, ze is vastberaden, geduldig en, zegt Manon Uphoff: 'Ze durft het mes te gebruiken.' Ogenschijnlijk bedeesd als ze is, deinsde ze, toen dat nodig was, niet terug voor een shakespeareaanse vadermoord op haar patroon Helmut Kohl toen die zijn partij meetrok in een corruptieschandaal.

Toch is Angela Merkel geen robot. Ze is soms feilbaar en niet altijd helemaal in control. Op de G20-top in 2017 in Berlijn speelde het gevoel van een thuiswedstrijd haar misschien parten. Ze liep de conferentiezaal in naast Vladimir Poetin, die zijn wijsvinger in de lucht priemde en haar op hoge toon iets meedeelde. Merkel zuchtte diep en rolde haar ogen weg. Op camera.

Het fragment ging de wereld over: Merkels viral eye-roll. De Amerikaanse politicoloog Ian Bremmer twitterde: 'De oogrol van Angela Merkel verdient zijn eigen Nobelprijs.' Manon Uphoff in haar brief aan Merkel: 'Eén ding heeft u niet: een pokerface', om ons te trakteren op de hilarische scène van de Britse comédienne Tracy Ullman die als Angela Merkel gaat oefenen om haar ogen te beheersen. Haar persoonlijk assistente zucht: 'U moet beter uw best doen. U bent een kanselier, geen GIF.'

De inhoud dan. Angela Merkel de politica laat zich beter karakteriseren met haar stijl dan met een doorwrocht inhoudelijk programma. Opgegroeid in een door ideologie beperkte wereld, hield ze zich ver van iets als een gedachtegoed. Net als haar uiterlijk en haar politieke stijl is haar inhoudelijke politiek gedreven door pragmatisme. Duitslandkenner Sophie Derkzen omschrijft het als de bijzondere kracht van Merkel: ze weet haar keuzes te verkopen als een *notwendigkeit*.

Nooit liet zij zich opjagen. Voor een besluit nam ze de tijd. Het versterkte het beeld van Merkel als de processor waar een lastig probleem in gaat, en waar uiteindelijk, als product van pragmatisme en moraliteit, een oplossing uit komt. Konrad Adenauer, eerste bondskanselier en aartsvader van het naoorlogse Duitsland, voerde in 1957 campagne met de slogan: *Keine Experimente*. Hij haalde er een tot op vandaag niet geëvenaarde verkiezingsoverwinning mee. Zijn verre opvolger Angela Merkel belíchaamt dat Keine Experimente. In 2013 stak ze Adenauer in populariteit naar de kroon.

Haar in 2005 aangevangen bondskanselierschap wordt het meest getekend door grote grensoverschrijdende crises. In 2011 bracht de kernramp in Japan Merkel tot *Die Energiewende*. Eerder was het de financiële crisis die leidde tot de eurocrisis en de Griekenland-crisis. Midden in die financiële crisis dreigden Duitse banken om te vallen, toen Merkel in oktober 2008 de uitspraak deed die Evelien van Veen aanwijst als het sleutelmoment van haar leiderschap: niemand in Duitsland hoefde bang te zijn dat zijn spaargeld in rook op zou gaan, de regering garandeerde alle spaartegoeden. Het was een garantie die Merkel nooit had kunnen waarmaken, maar ze werkte. Omdat Merkel werd vertrouwd.

Margriet Brandsma verklaart waarom zij zo uitblinkt in crises: ze is er niet wezenlijk van onder de indruk. Ze maakt geen verschil tussen een forse crisis en alledaagse politiek. Juist daardoor kon ze doortastend zijn in momenten van grote paniek.

Maar de geschiedenis kan behalve ironisch ook hardvochtig zijn. Misschien zal Merkel het meest worden herinnerd om die drie woorden uit 2015. Een miljoen vluchtelingen en migranten waren op weg naar de Duitse grens, toen Merkel de poort opende en sprak: *Wir schaffen das.* Het getuigde van moed en moreel leiderschap. En Sophie Derkzen stelt terecht de vraag: 'Hoe was dat zonder Merkel gegaan?' *Time* riep haar uit tot *Person of the Year* met als motivatie dat 'Europa's vrede en welvaart op het spel staan, en er een tekort is aan leiders als Angela Merkel'. Ze wordt vergeleken met Nelson Mandela, Mahatma Gandhi en Martin Luther King.

Tegelijkertijd bleek het ook een verkeerde inschatting op een uiterst gevoelig dossier. Uiteindelijk lukte het namelijk niet, de integratie van zoveel nieuwkomers. Merkel als baken in een wereld die op drift raakte, had voor veel Duitsers afgedaan. Het daaropvolgend succes van de Alternative für Deutschland ondermijnde ook binnen de CDU haar positie.

Over het persoonlijk leven van Angela Merkel zwijgt Angela Merkel. Bijna alle auteurs in dit boek benadrukken dat ze niet meer dan het hoogstnoodzakelijke prijsgeeft – een recept voor pruimentaart of aardappelsoep. Toch weten we het nodige van haar, al was het maar omdat haar uiterlijk, haar vorm en stijl, en haar inhoudelijke keuzes het nodige vertellen. Evelien van Veen maakte een lijstje met negen gewoontes en eigenschappen die Merkel zo sympathiek (als: fatsoenlijk en integer) en *relatable* maken dat je een boek over haar zou kunnen vullen met de titel *Wij zijn Angela*.

Daar komt bij dat er biografieën zijn verschenen. Die leren ons, vertelt Margriet Brandsma, dat ze iemand is die voor zichzelf graag de moeilijkste weg kiest. Op school was ze goed in alle vakken, behalve natuurkunde. Ze ging natuurkunde studeren en promoveerde erin. Zonder een krimp te geven onderhandelt ze tot in de ochtenduren. En ze is dapper: ze hervormde haar partij radicaal en op lastige punten. Ze opende de christelijke CDU voor moslims, beëindigde de dienstplicht, stemde in met embryonaal stamcelonderzoek en sprak de historische woorden: Wir schaffen das.

Opmerkelijk is ook wat in deze bundel niet wordt genoemd: de naaktfoto waarop de jonge Angela met twee vriendinnen rondloopt op wat waarschijnlijk een nudistenvakantie is geweest. Ze is niet ijdel maar ook niet preuts. Waar haar uniform ons geen enkele informatie geeft over hoe zij zich verhoudt tot haar lichaam, doet een foto als deze dat wel. Wie zo *gemütlich* met vriendinnen naakt door zee en gras loopt, wie zich onbekommerd bloot laat fotograferen, is comfortabel met haar lijf. Die heeft niets op te houden.

Theatermaker Floor Houwink ten Cate gaat op pad in de hoop Merkel te ontmoeten wanneer ze een voorstelling over de Duitse kanselier maakt. Ze is vastbesloten om in het hoofd te geraken van 'dit kalme, bijna emotieloze en ogenschijnlijk egoloze antispektakel dat het wereldtoneel bestiert in een tijd waarin politiek spektakel regeert', om te zien en te voelen wie zij werkelijk is. Op die reis door Duitsland tekent ze mooie anekdotes op. Bijvoorbeeld het verhaal dat Merkel voor haar vijftigste verjaardag geen enkel groot cadeau wilde, alleen een speech van een neurowetenschapper over artificiële intelligentie. Ze reist naar Oost-Duitsland, stapt het huis in waar Merkel opgroeide, en roept, staand op de drempel: 'Merkel? Angela? Hoor je me? Wie ben jij nou echt?'

Bij thuiskomst weet ze dat haar voorstelling zal gaan over De Vrouw in het toekomstig Europa. Opdat die juist niét meer als Angela Merkel hoeft te zijn. Devika Partiman: 'Groepsfoto's van de wereldtoppen waar ze aan deelnam. Foto's van topoverleggen. Foto's van haar op staatsbezoeken. Man man man man man man man man man man man man Angela man man man man…'

Els Kloek, historica en samensteller van de tweedelige

encyclopedie *1001 Vrouwen*, werpt licht op Merkels persoonlijkheid door die te verbinden aan het grote politieke verhaal waarin ze opgroeide. De moeder van Kloek, net als Merkels moeder getrouwd met een dominee, reisde in 1959 toen Merkel vijf was, naar Oost-Duitsland voor een conferentie van domineesvrouwen. Ze maakte er aantekeningen over het leven onder het communisme: 'Men kan niet zijn, zoals men wil... Eeuwig is alleen de maatschappij. Men mag geen stukje leven voor zichzelf reserveren, er is ontpersoonlijking tot in de persoonlijkheidskern.' Wanneer we voorzichtig kunnen aannemen dat ook Angela Merkel iets van deze opdracht verinnerlijkte, maakt dat de cirkel van *Wij zijn Angela* verrassend rond.

Wat wij houden voor 'het Enigma Merkel', zijn de sporen van een totalitair systeem: ontpersoonlijking tot in de kern. De mens als individu had nauwelijks bestaansrecht, hij was deel van het geheel. Uiterlijke besognes zijn decadente verstrooiingen die afleiden van het grote verhaal. De dwingelandij die uitgaat van een ideaal wees Angela Merkel af. Het primaat van het systeem, het primaat van de liberale democratie, zit diep in haar vezels.

Wie het fenomeen Angela Merkel bestudeert – haar voorkomen, politieke stijl, inhoudelijke politiek en persoonlijkheid, treft een vrouw die een keur aan paradoxen belichaamt. Zo is in elke analyse van Angela Merkel uiterlijk een factor van belang. Niet omdat zij ijdel is, integendeel, maar omdat ze het beeld van de vrouw heeft geneutraliseerd. Daarin schuilt een belangrijke verdienste voor de vrouw in het algemeen. Vrouwelijke elegantie en frivoliteit zijn door Merkel veranderd van noodzaak in een keuze. Zoals Wilma de Rek zegt: 'Misschien is Merkel wel vooral mijn rolmodel omdat ze een vrouw is die net zo goed een man had kunnen zijn. Omdat ze het verschil opheft.'

Een andere paradox ligt in haar weigering om zich een feminist te noemen. Geen vrouw in de recente geschiedenis met zoveel macht als Angela Merkel. Geen vrouw die zich zozeer onttrok aan de vermeende wetmatigheden voor de vrouw in het publieke domein, sterker, die die wetten tartte. Maar op de vraag of zij feminist is, heeft ze altijd angstvallig de vraag als irrelevant afgewezen. Margriet Brandsma haalt de Vrouwentop op de G20 in Berlijn aan, waar Angela Merkel in 2017 internationale topvrouwen had uitgenodigd voor een gesprek over ondernemerschap; naast Merkel zaten Christine Lagarde, koningin Máxima en Ivanka Trump. Ook daar had ze de vraag of zij een feminist is eerst afgewimpeld. Ze vond het ongepast, zei ze, om met andermans veren te pronken. Toen schoot koningin Máxima te hulp met een definitie van feminisme: 'Feministen zijn voor mij mensen die zeggen dat mannen en vrouwen gelijke kansen moeten hebben.' Merkel: '*Then I am one.*'

Opvallend is dat media-criticus Madeleijn van den Nieuwenhuizen op Instagram een onderzoekje deed naar hoe jonge vrouwen naar Angela Merkel kijken, en na zesduizend reacties concludeert dat Merkel ze eigenlijk weinig doet. Jonge vrouwen weten niet zo goed waar Merkel voor staat en zien haar niet als rolmodel. Is dat omdat ze zichzelf niet tooit met het label 'feminist'? vraagt Van den Nieuwenhuizen zich af. Of omdat ze, anders dan Elizabeth Warren of Alexandria Ocasio-Cortez behalve de eye-roll geen filmpjes heeft die viral gaan?

De gewoonheid van Angela Merkel zou de indruk kunnen wekken dat ze niet geeft om macht. Het tegendeel is waar, betoogt Margriet Brandsma. Merkel houdt van macht. Macht komt van *machen*, iets doen. Een andere Duitsland-correspondent, Sophie Derkzen, wijst op nog een mooie schijnbare tegenstrijdigheid. De vrouw die altijd zo min mogelijk van haar persoonlijkheid liet zien, voerde in 2013 immers campagne met als slogan: SIE KENNEN MICH. Fascinerend, want: 'Wat haar bewoog, naar welk Duitsland ze op weg was, leek intussen niemand te weten.'

Een laatste, belangrijke paradox, schuilt in de sleutel naar haar politieke succes. Zoals Sophie Derkzen laat zien was Angela Merkel lange tijd onverslaanbaar omdat ze haar politiek steeds weer wist te presenteren als alternatiefloos. Maar juist die politiek van onvermijdelijkheid, verdeelde uiteindelijk de Duitse samenleving.

Wie boven de anekdotes en analyses gaat hangen, kan zien wat Merkel uiteindelijk het meest kenmerkt. Het kookt uiteindelijk allemaal in tot haar authenticiteit en, belangrijker nog: haar soevereiniteit.

Als er iets is wat ze gedurende haar hele politieke carrière als een leeuwin heeft bewaakt, dan is het die onafhankelijkheid van geest. Haar weigering om als jonge onderzoeker voor de Stasi te gaan werken, betaalde ze met een afgevlakte carrière. De enige groep waartoe ze zich rekende, is die van de christendemocraten. Vervolgens heeft ze die partij van binnenuit sterk in progressieve richting veranderd.

Angela Merkel heeft altijd haar soevereiniteit veiliggesteld. Misschien dat ze daarom zelfs geen boegbeeld wilde zijn voor de groep waar ze onmiskenbaar deel van is, die van de vrouwen. In interviews beantwoordde ze vragen naar haar vrouw-zijn wat narrig: 'Ja, ik ben nu eenmaal een vrouw, dus ik denk als een vrouw.' Angela Merkel hield altijd de handen vrij – of in een ruit. Geen denken aan dat zij zich met een bepaalde identiteit, met een deelbelang zou vereenzelvigen. Wanneer ze opkwam voor een groep, was dat op morele gronden, na een heldere afweging van belangen.

Die combinatie van een sterk innerlijk kompas en niet gek te krijgen, maakte haar onaantastbaar voor de grillen van de politieke markt. Totdat in 2018 haar coalitie een groot verlies incasseerde en Merkel haar verantwoordelijkheid nam. Ze kondigde aan geen nieuwe periode als partijvoorzitter en bondskanselier te ambiëren.

Het doet aan haar tijdloosheid niks af. Voor Merkel geldt een prachtig Duits woord waarvoor geen vertaling voorhanden is: ze is *unzeitgemäß*. Angela Merkel valt uit de tijd, is immuun voor mode en andere hippigheid.

Het voelt bijna als onredelijk, als het schenden van een wetmatigheid, dat de tijd wel vat op háár krijgt. Eerst oogde Merkel wat vermoeid, toen begon juni 2019 het trillen. Wilma de Rek schrijft: 'Maar Angela mag niet trillen. Merkel staat als nuchter contrapunt tegenover die opgepompte wereldleiders, ze is de buffer tussen ons en de waanzin; als de nood aan de man komt, zal zij ons redden. Maar dan moet ze natuurlijk niet gaan trillen.'

Tot lang na haar aftreden zal Merkel er zijn. Haar betekenis en houdbaarheid komen voort uit dat ene cruciale kenmerk: haar soevereiniteit. Niet voor niets verwijst een daarvan afgeleid zelfstandig naamwoord naar de vorst, de koning, de monarch. Het *unzeitgemässe* in haar kennen we van de monarch: die hoeft niet bij de tijd te zijn, hij was bij geboorte al aangewezen. Wanneer Merkel in haar onmodieuze, krachtige eigenheid aan iemand doet denken, is dat koningin Beatrix. In uiterlijk: het pak, het sekse-neutraliserende uniform als eeuwige mantel, recht en breed zodat duidelijk is wie boven de zaken staat. Het haar als een helm die veertien uur standhoudt, zoals zij zelf met gemak veertien uur standhouden. Groot en onbetwist moreel gezag. Angela – als een koningin heeft ze geen achternaam meer nodig – is op het wereldtoneel de soeverein.

Marcia Luyten, maart 2020

BRIEF AAN ANGELA

Manon Uphoff

Utrecht, 12 december 2019

Zeer geachte Angela Merkel,

2020 zal het laatste jaar voor u zijn als bondskanselier (nadat u in de jaren negentig schijnbaar vanuit het niets verscheen, om al snel uit te groeien tot een van de machtigste vrouwen ter wereld). Daarom ontving ik van een Nederlandse uitgeverij het verzoek of ik me (schrijver, vrouw) wil buigen over uw rol en betekenis in mijn leven. Dat maakt het tijd om deze brief op te stellen, want liever dan over u schrijven, richt ik me tot u. Met uw glansrijke politieke carrière bent u immers voor veel vrouwen en mannen een inspiratie – of toch minstens een fascinatie. Vanwege de manier waarop u zich met humor, tact, bescheidenheid, onverzettelijkheid, kleurrijke broekpakken en een gewetensvolle aanpak door de wereldpolitiek beweegt. Ja, vanwege de manier waarop u zich beweegt door en in dit troebele water.

Omdat u zelf veel te privé schijnt te zijn om een boek te schrijven, komt deze brief in een mooi boek óver u, waarin wij (Nederlandse vrouwen) vertellen wat u voor ons symboliseert, hoe u ons inspireert, of op de zenuwen werkt. Kritisch, reflecterend (over vrouwen in de politiek), lovend, wat wij maar willen. U maakt dat immers allemaal zelf mogelijk. Als u nieuwsgierig bent naar wat Nederlandse vrouwen over u te zeggen hebben: het zal verschijnen rond 8 maart 2020; Internationale Vrouwendag.

Ze zeggen dat mensen u vertrouwen vanwege uw heldere kijk op wat nodig is in internationale relaties. Maar voor anderen bent u iets vreeswekkends. Men noemt u 'The Merkelator'. Geen idee wat dat betekent, maar het doet denken aan een betonmixer, een vermaler, een alles verhakselende machine die niet stopt.

'Listen, and understand. The Merkelator is out there. It can't be bargained with. It can't be reasoned with. It doesn't feel pity, or remorse, or fear. And it absolutely will not stop, ever, until you are dead', las ik op Flickr.

En ik dacht aan Mary Beard, de befaamde classicus van het Verenigd Koninkrijk, die in haar essay *Vrouwen & Macht* toont hoe machtige vrouwen in de geschiedenis behandeld zijn. Ze bespreekt daarin de stem van vrouwen in het maatschappelijk debat en bevraagt onze aannames omtrent de manier waarop vrouwen met macht omgaan. Gaat in op (online) agressie en seksisme. Hoe vrouwen steeds opnieuw het zwijgen wordt opgelegd. En als zij spreken, dan liefst in een van deze gedaantes: het slachtoffer, de vrouw die opkomt voor haar 'peer-group';

zelden kan zij spreken als een man. Maar als vrouwen niet zichtbaar zijn binnen onze machtsstructuren, is het dan niet de mácht die we zouden moeten omvormen?

En dat brengt me weer bij u. Omdat u dat gedaan hebt. Al sinds 1989, toen u voor het eerst op het politieke toneel verscheen, gemakkelijk blozend en met de bijnaam 'het melkmeisje'.

De Merkelator.

Het Melkmeisje.

Wat zeggen deze labels over degenen die ze opplakken? 'Wij hebben haar allemaal onderschat,' aldus een van uw collega's uit die beginjaren. Zoals dat zo vaak gebeurt bij jonge vrouwen. U was lange tijd de meest ondergewaardeerde persoon. 'We zagen niet dat ze een scherpe en analytische geest had.' Wat het doet voorkomen alsof u iedereen verraste, overviel, sluipenderwijs. Mannen én vrouwen.

U leerde, zegt men, veel door ervaring.

Niets nieuws onder de zon.

U groeide op in Oost-Duitsland, en ontwikkelde een zesde zintuig voor woorden en hoe die vertrouwd konden worden of misbruikt. Behoedzaam, noemen ze u, op uw hoede. De val van de Berlijnse Muur leidde tot een groei van uw carrière, en plaatste u in het centrum, de spotlights. 'Ik herinner me nog steeds de snerende commentaren in de pers,' haalt iemand herinneringen op. 'Hoe kan zo'n koeienmeisje nu in de politiek op haar plaats zijn, haar voorganger was zo goed, ze kan zichzelf alleen maar vernederen. Maar ze was excellent.'

U denkt en werkt strategisch. Schakelt uw vijanden uit. Bij schandalen: gestage verwijdering, een duidelijk afstand nemen. Langzaam, onafwendbaar en zeker. Vastbesloten degenen die u patroniseerden en bevoogdden (zoals Schröder) in een hoek te plaatsen.

Ze zeggen dat u geen charme heeft, zoals Clinton, of Obama. Ik zou u daarvoor willen bedanken, al denk ik dat de charme die ze bedoelen er een is van de belegen, ouderwetse soort, als parfum uit een verstuiver. Maar als de dingen gedaan zijn, komt u als overwinnaar uit de strijd, degene die het laatst lacht. U bent als in een boksring, waar de tegenstander als een waanzinnige om zich heen mept, de bokser die één geweldige dreun uitdeelt dat het tolt. U doet me ook denken aan Claudius, zoals gespeeld door Derek Jacobi in *I, Claudius*. Met een soort onverzettelijkheid die nergens verhard is, of gespeend van een geweten of morele kracht. Wat is uw geheime wapen tegenover een figuur als Donald Trump?

Geduld, zegt Ralph Bollmann, auteur van *Die Deutsche: Angela Merkel und wir.*

De wetten van het oude culturele verhaal, het ijzingwekkende sprookje waarin de vrouwen hun stem niet kunnen laten horen, of, als ze die laten horen, heksen en boze koninginnen zijn, werden door u herschreven. Regelmatig bent u zowel het huis als de bewaker ervan geweest. U kunt wachten. U kunt zonder vleierij. Laat u niet gek maken door opinies en peilingen. Zelfs onder hoge druk blijft u standvastig. Het is niet dat deze kwaliteiten op zich zeldzaam zijn, en ook zeker niet zeldzaam voor een vrouw, maar u bent een van de weinigen die deze kwaliteiten niet verhult, verstopt, om de rol te spelen die zo vaak aan vrouwen (in de politiek) is voorbehouden. Daar gaat een enorme kracht van uit.

Helge Braun, staatsminister: U drukt mensen op het hart om zich te bekwamen, met feiten op de proppen te komen, die feiten te kennen, uw tijd niet te vermorsen. Voor de buitenwereld, zegt u zelf, kan het er wel eens op lijken dat het eindeloos duurt voor u een besluit hebt genomen. Maar is dit genomen, dan ís dat zo. Uw vrienden zeggen dat het opgroeien in een autoritair systeem in u een overlevingsinstinct heeft aangewakkerd. Uw standpunt over vluchtelingen is geprezen, en gelaakt. Sommigen noemden het autocratisch.

U zei: Duitsland zal veranderen, het zál veranderen. Wir schaffen das.

Dat werd door velen gezien als een commando. Een eenzijdig opgelegde plicht.

Maar men noemt u ook een begaafde manager van tegenstellingen.

En vriend en vijand is het erover eens: u taalt niet naar de macht óm de macht.

Brexitcrisis.

Vluchtelingencrisis.

Eurocrisis.

'We moeten in Europa ons lot in eigen handen nemen, onszelf vormgeven. Natuurlijk in vriendschap met de VS, in vriendschap met de UK. In goede nabuurschap met Rusland.' Dat zijn uw woorden.

U wenst helderheid, klaarheid. Kunt zich snel aanpassen aan een nieuwe realiteit, bent vastberaden, geduldig. En u beschikt over een onovertroffen selectievermogen. U weet precies welk wapen wanneer in te zetten. In een omgeving waar het trumpiaanse ezelsbalken klinkt, het 'ieaaaa' van de man die de stem van vrouwen niet wenst (noch werkelijk durft) te horen, die een plompe doofheid voor de mimiek en expressie van vrouwen tentoonspreidt, slaat u terug door in te zetten wat van oudsher als de zwakte van vrouwen is gezien en dit om te smeden tot een unieke kracht, een vlijmscherp mes.

U communiceert met de wereld. Geeft duidelijk zichtbaar op het grote toneel een nieuwe vertolking van vrouw aan de macht.

Want één ding heeft u niet: een pokerface.

'*Mein Chancellorette*, u rolt met uw ogen als mensen uw geduld op de proef stellen.'

Tracey Ullman laat in haar *Tracey Breaks the News*-sketches voor de BBC iets opmerkelijks zien. Wat in de filmpjes wordt getoond is de repressie, de onderdrukte Angela Merkel die men van u wil maken, en de niet te onderdrukken Angela Merkel die er steeds als een springveer onder vandaan schiet. Hoe deze repressie werkt, en hoe het bij u níét werkt. Hoe de vrouwenrollen als kledingstukken voor u worden uitgehangen, en hoe u weigert ze aan te trekken. Meestal bestaat een satirische sketch uit een karikatuur van het erin handelende hoofdpersonage, maar bij u zijn het de anderen die karikaturen zijn en u bent de echte persoon, gedwongen om in de wereld van gekte te leven. Zoals Lewis Carrolls Alice. 'Het is zo goed om de wind in mijn haarlak te voelen, vrij,' roept uw gedroomde schaduw Tracey, zij is geen karikatuur maar een interpretatie, ze laat zien in wat voor een wereld u zich (noodgedwongen en moedig) begeeft.

Angela Merkel, daar bent u in het Verenigd Koninkrijk met uw begeleidster in de dubbeldekker bus. Hoe u opstaat als deze helrode trommel door Downing Street raast en uw vuist vrolijk heft: 'Therezaaaa, kom en vecht met mij!'

De kwestie van de Pokerface.

Twee vrouwen. Een van hen bent u. U zit op de sofa, in een van uw fameuze wijdvallende jasjes en stift uw lippen. Uw raadsvrouw/persoonlijk adviseur (PA) zit naast u om het probleem aan te kaarten. U bent zich, op dat moment, nog van geen kwaad bewust.

PA: Mein Chancellorette, we moeten het hebben over een delicate kwestie die met uw imago te maken heeft.

U: O, nein, ze nemen deze lippenstift toch niet uit de handel? (Opwinding en schrik.)

PA: O, mein Gott, nein. *Warm vlees* is de favoriet van de natie. Nee, het is… het is iets wat met u persoonlijk te maken heeft. Iets waarmee u begon toen u bij Poetin was.

(U rolt hevig met de ogen.)

PA: Dat ís het. U deed het net.

U: Wat?

(PA rolt met haar ogen, maakt er een ghhhhh-geluid bij.)

U: Doe niet zo!

PA: Ik ben u. U rolt met uw ogen. U deed het bij Poetin en ten minste een of twee van de Trumps.

U: (ferm) Ik rol niet met mijn ogen!

PA: Jawel, ik vrees van wel. (Laat het zien op haar mobiel.)

U: (vol schrik) O, mein Gott, ik ról met mijn ogen!! En ik heb altijd gedacht dat ik zo'n sereen en mooi pokerface had op de *Summits*.

PA: Ik ben bang van niet.

U: (ontsteld) O, nee! Nu komen ze te weten wat ik denk!

PA: Maakt u zich geen zorgen, mein Chancellorette. Wij zullen u trainen. Ik zal u door een aantal alledaagse situaties leiden. En het enige wat u hoeft te doen is níét met uw ogen rollen. Ja?

U: (vastberaden) Ja. Begin!

PA: De telefoon gaat, u neemt hem op, u hoort een stem van een tienerjongen wiens stem breekt. U beseft dat het Theresa May is.

(U rolt met uw ogen.)

PA: (zuchtend) Beter uw best doen. U bent een kanselier, geen GIF.

U: Ja. Oké. (U herpakt zich. Gaat ervoor zitten. De vuisten gebald.) Probeer: Ivanka Trump.

PA: (Uw PA trekt een gezicht alsof ze hard persend op de wc zit.) Mijn vaders staat van dienst op het gebied van vrouwenrechten is zéér goed.

(U zucht. Knijpt uw handen tot vuisten.)

PA (ingespannen, met onnozele stem en geknepen oogjes): Als ondernemer en schepper van banen is hij een belangrijke voorvechter van gendergelijkheid… (zij let op uw gelaatsexpressie): Goed gedaan! Geen spiertje bewoog. Dat is oké.

U (springt op, haalt diep adem, warmt u op, als een sporter voor de wedstrijd. Neemt nog een diepe teug en gaat weer zitten, vastberaden): Genoeg met het kinderspel. DOE DONALD!

PA (kijkt u doordringend aan. Zet dan haar Trump in, met de flabberende lippen, eentonige intonatie en gebruik van kapitalen): WE MOETEN HET STOPPEN, MENSEN! WE MOETEN HET STOPPEN! HET WAS ZO GOED. HET WAS EEN HOMERUN. IK GEBRUIK MOOIE WOORDEN. HET

WAREN MOOIE WOORDEN. MAAR DE NEPMEDIA ZULLEN ER WEER GEEN MELDING VAN MAKEN. DUITSLAND IS ONS GELD SCHULDIG, JAWEL! DUITSLAND IS ONS VEEL VERSCHULDIGD!

U: (kreetje) Ja.

(Dan vliegt u plotsklaps van de sofa en ligt plat op de grond, alsof iemand u net met grote kracht van de bank gesmeten heeft. Uw PA buigt zich geschrokken over u heen.) Mein Chancellorette, gaat het goed met u? (Ze helpt u (o, o, o) overeind en terug op de sofa.)

U: (opperste verbazing) Ik hield mijn ogen strak op één punt, maar… mijn krachtige oogspieren draaiden mijn hele lichaam om. En… en *rolden* het, *gooiden* het! Ik denk dat ik mijn hele gezicht *verstuikt* heb (veel gebaren, alle emoties zichtbaar, u houdt uw handen tegen uw hoofd, in pijn.

Dan gaat de telefoon. Het is Boris Johnson.)

PA: Bij deze mag het wel.

U: Hallo?

(En u rolt tweemaal krachtig met uw ogen.)

Geachte Angela… mogelijk eindigt deze brief wat abrupt, maar met de grootste waardering voor alles wat u heeft laten zien – en wat met en door u zichtbaar is geworden,

Manon Uphoff, auteur/Schriftstellerette

DE NEGEN VAN MERKEL

Evelien van Veen

Er is een foto, een beroemde foto dus u kent hem misschien wel, waarop Angela Merkel in een stoeltjeslift zit. Met een vaalbeige petje op. In een paarsgeruite blouse. De foto is beroemd omdat er niet zo veel privékiekjes te vinden zijn van Merkel en dit is er eindelijk eens wél een; hij is tijdens een vakantie in Italië genomen, en dat vinden de media heerlijk, vakantiekiekjes. (Er is ook een verrukkelijke foto van Merkel in zwempak, op slippers, met een handdoek om, samen met haar man. Laat die mensen met rust tijdens de vakantie, zou je zeggen, maar je kijkt toch.) Die foto in de stoeltjeslift is er een uit een serie van een stuk of vijf die het *Algemeen Dagblad* naast elkaar plaatste – een hoop buitenlandse kranten deden dat ook: zomervakantie 2013, zomervakantie 2014, zomervakantie 2015 et cetera. En op elke foto draagt Merkel dezelfde paarsgeruite blouse. 'Merkel gaat op reis en neemt mee' zette het AD erboven en zo was het: elk jaar ging diezelfde blouse mee de vakantiekoffer in. '*Every year since 2008 she and her husband, professor Joachim Sauer, have stayed at the same unglamourous four-star hotel in the resort of Sulden*,' zuchtte de Britse *Telegraph*. '*And every year unflattering pictures have emerged of them in scruffy walking gear, sitting on the hotel balcony or glum-faced in the rain.*' Scharrig en sip, zo kwalificeert de krant het koppel, maar dat is onzin, wie neutraal kijkt – dat doet *The Telegraph* niet – ziet een stel op middelbare leeftijd vakantievieren in oude, vertrouwde lievelingskleren. Als het regent kijken ze een beetje zorgelijk omhoog: is het wel wandelweer, pop, wat denk jij? Niets bijzonders dus, nou ja, eigenlijk bijzonder sympathiek en duurzaam, die eeuwige vakantieblouse en die dierbare gewoonte om elke zomer naar hetzelfde bescheiden hotel in de Noord-Italiaanse bergen af te reizen; het is niet zo dat Merkel de rest van het jaar nergens komt.

Negen sympathieke gewoontes van Angela Merkel heb ik geïnventariseerd – u merkt, dit was een *Per Seconde Wijzer*-achtige inleiding op een lijstje, een lijstje met gewoontes en eigenschappen die Merkel zo sympathiek en *relatable* maken dat je een boek over haar zou kunnen vullen met de titel *Wij zijn Angela*. Maar met het opsommen van alleen sympathieke eigenschappen zou je haar tekortdoen. Merkel zou niet zo'n dijk van een vrouw geworden zijn door alleen maar sympathiek te zijn – al durf ik te beweren dat het wel een grote rol speelt, sympathiek als in: fatsoenlijk, integer, wat niet hetzelfde is als altijd aardig – en zeker zou ze dan niet zijn uitgegroeid tot de wereldleider die ze is.

Negen dingen die we van Merkel kunnen leren daarom – te beginnen met die paarsgeruite blouse.

1. Kleren zijn totaal onbelangrijk

Het cliché is dat vrouwen veel harder worden beoordeeld op hun uiterlijk dan mannen en dat is inderdaad een schreeuwend onrecht, maar de indrukwekkende carrière van Angela Merkel – de machtigste vrouw ter wereld, zo'n beetje de langst zittende en invloedrijkste van de huidige regeringsleiders en op sms-basis met alle collega-groten der aarde – toont aan dat uiterlijk en succes ook voor vrouwen niets met elkaar te maken hoeven hebben. Ze heeft een uiterlijke metamorfose ondergaan, schreven de kranten aan het begin van haar bondskanselierschap: de belabberde broekpakken werden 'pastelkleurige ensembles' en het bloempotkapsel werd 'dankzij sterrenkapper Udo Walz' een 'vlotte coupe'. Maar een ravissante verschijning is Merkel nooit geworden. Integendeel. De pastelkleurige ensembles zijn altijd tamelijk belabberde broekpakken gebléven en als Merkel ergens in avondjurk verschijnt (u herinnert zich dat merkwaardig diepe decolleté opeens out of the blue) is ze ook niet direct een stijlicoon. Prima. Perfect. Gelukkig maar. Wie het te druk heeft om zich uitputtend om haar uiterlijk te bekommeren of er gewoon geen belangstelling voor heeft: kijk naar Merkel. Wat je aanhebt, maakt geen bal uit.

2. Neem suffe hobby's

Wandelen, tuinieren, koken – aardappelsoep en pruimentaart zijn haar specialiteiten – en zwemmen in de meertjes in de omgeving van haar weekendhuis in Uckermark; Merkel heeft weinig enerverende hobby's. Wel heel fijne. En da's belangrijk: hobby's, met name suffe, verminderen de aanmaak van stresshormonen, versterken het immuunsysteem en zijn al met al van wezenlijk belang om zestien jaar bondskanselierschap vol te houden. Of welke andere stressvolle baan dan ook.

3. Het is helemaal niet verkeerd om onderschat te worden

Merkels politieke loopbaan begon in 1989, net na de val van de Berlijnse Muur. Ze was toen vijfendertig en sloot zich aan bij de Demokratischer Aufbruch, een links-christelijke partij, waarna haar carrière gestaag omhoogging. Minister van Vrouwen- en Jeugdzaken en daarna van Milieu in het herenigde Duitsland, secretaris-generaal van de CDU, partijvoorzitter en ten slotte, ze was toen eenenvijftig, bondskanselier, uiteindelijk vier termijnen lang. Vanaf dat moment werd ze als IJzeren Dame betiteld, maar het duurde een tijd voordat ze zo werd gezien. De machtigste vrouw in de naoorlogse wereldpolitiek was lang 'een bang vogeltje', schreef *Vrij Nederland* in 2005, 'dat zich op de tast een weg baande door de harde machowereld van de Duitse politiek.' Welnee, zegt in datzelfde artikel de Duitse Evelyn Roll die over Merkel een boek schreef, *Das Mädchen und die Macht.* 'De conservatieve mannen in de CDU hebben Angela Merkel zwaar onderschat.'

Feit is dat Merkel alles was wat haar mannelijke CDU-collega's niet waren: jong, vrouw, protestant in plaats van katholiek, afkomstig uit Oost-Duitsland en niet uit het Westen en uit de aard der zaak geen lid van het *old* (en *young*) *boys network* van CDU-mannetjes die op een gezamenlijk reisje naar Zuid-Amerika het zogenoemde 'Andespact' sloten: een van hen moest bondskanselier worden – dus níét dat meisje Merkel – en de anderen zouden hem door dik en dun steunen, in ruil voor een andere leuke functie, vanzelf. Merkel, stille kracht op de achtergrond, haalde ondertussen onverstoorbaar wat partijkastanjes uit het vuur. Ze werd secretaris-generaal van de CDU toen de partij in een schandaal verwikkeld was vanwege illegale donaties van een wapenhandelaar. Boosdoener Helmut Kohl moest even duiken, en meisje Merkel, zoals hij haar persoonlijk gedoopt had, mocht, onbezoedeld als ze was, aan het roer. Tijdelijk, was de bedoeling – Aljazeera-journaliste Madhvi Ramani heeft het over een 'glazen klif'. Als het rumoer verstomd was, zouden de partijbonzen inclusief Kohl hun oude plekken weer innemen en Merkel zo nodig van haar springplank laten donderen. Zie daar 'de harde machowereld van de Duitse politiek'.

4. Het is helemaal niet verkeerd om onderschat te worden. In het begin

Maar zo pakte het niet uit, lekker puh. Merkel bleek (understatement:) een blijvertje. Dat ze daartoe haar oude leermeester en beschermheer Helmut Kohl moest laten vallen was misschien even lastig, maar het moest wel gebeuren, want Kohl was door die illegale donaties aan de partijkas een boef gebleken. En als Mega Mindy Merkel ergens een hekel aan heeft, dan is het wel aan boeven – zelf is ze in haar hele politieke loopbaan nog nooit op enige vorm van zelfverrijking betrapt. Als zij en man Joachim naar een concert gaan van de Berliner Philharmoniker staan ze erop hun kaartjes zelf te betalen, hoeveel uitnodigingen ze ook krijgen toegeworpen. Goed, Kohl dus, en het partijschandaal. Angela Merkel bedankte Helmut hartelijk voor bewezen diensten en stelde dat het tijd werd voor hem om plaats te maken voor een nieuwe generatie. Waaronder zijzelf. De rest is Europese geschiedenis; na Kohl heeft Angela Merkel nog een stoet aan politieke vrienden en vijanden verslagen (dan wel mokkend het toneel doen verlaten) om uiteindelijk ongekend lang de onbetwiste nummer één te zijn.

5. Bluf als het nodig is

Midden in de kredietcrisis, Merkel is sinds drie jaar regeringsleider en er dreigen Duitse banken om te vallen, doet ze op 5 oktober 2008 een uitspraak die als het sleutelmoment van haar leiderschap zal gelden: niemand in Duitsland hoeft bang te zijn dat zijn spaargeld in rook opgaat, de regering garandeert alle spaartegoeden. Het effect is dat de Duitsers niet naar de banken hollen om hun geld eraf te halen – wat het land nog veel dieper in de crisis had gestort. Het is een garantie die Merkel helemaal niet waar had kunnen maken, zeggen deskundigen achteraf. Zo rijk is zelfs Duitsland niet. Maar het moest gezegd worden om de gemoederen kalm te houden, leugentje om bestwil of niet. Leerzaam voor alle mede-Mutti's van Merkel: als moeder nou maar overtuigend 'geen paniek' zegt, gaan de kinderen rustig slapen.

6. Koester een zonnige natuur

Een diepe economische crisis, instortende banken, vluchtelingenstromen, boze Oost-Duitsers, de opkomst van radicaal rechts, Trump, Poetin, de labrador van Poetin: Merkel heeft heel wat voor haar kiezen gekregen en ja, daar heeft ze zelf voor gekozen, maar nee, het was niet altijd leuk. Wat dan helpt, is een opgewekt gemoed. En dat heeft ze, al zegt ze het zelf. 'Ik heb een zonnige natuur,' vertelde ze aan Herlinde Koelbl, een Duitse fotografe die haar al bijna dertig jaar portretteert. 'En ik ben er altijd van overtuigd geweest dat mijn levenspad net zo zonnig zou zijn, wat er ook zou gebeuren.'

Heerlijk en onontbeerlijk, zo'n positieve houding in het politieke mijnenveld en het is al helemaal mooi als je dat, zoals Merkel doet, combineert met een flinke dosis pragmatisme. Over het Oost-Duitse regime waaronder ze opgroeide zei ze tegen Koelbl: 'Als het te erg werd, zou ik proberen te ontsnappen. Maar zo lang het wel ging, zou ik niet in verzet komen, want ik was bang dat ik mezelf daarmee schade zou doen.'

7. Kies een nerd

Merkels eerste man, Ulrich Merkel – ze hield zijn naam na de scheiding omdat ze daarmee als politicus al enige bekendheid had, ik zei het al: pragmatisme helpt – is natuurkundige, net als zijzelf overigens. Haar tweede en huidige, Joachim Sauer, is scheikundige. Een slimme (want hoogleraar), bescheiden (want nooit op de voorgrond), operaminnende vader van twee volwassen zonen uit een eerder huwelijk. 'Een bijzonder grappige en extreem verstandige man,' zei een vriend van het stel eens tegen persbureau Reuters, 'en de ideale partner voor de bondskanselier.' Het kan niet vaak genoeg gezegd worden tegen vrouwen en het is dan ook een belangrijke les om van Merkel te leren: ga niet voor minder dan de ideale partner. Het geeft zoveel rust. En ruimte voor andere belangrijke zaken in het leven, zoals een carrière, als je die nastreeft. En niet zelden is die ideale partner een nerd, zo blijkt uit onwetenschappelijk doch onomstotelijk empirisch onderzoek, een grappige en verstandige natuur- of scheikundige die van wandelen houdt en van aardappelsoep. Voor Merkel is de keus altijd duidelijk geweest. Op de vraag van een interviewer wie ze de aantrekkelijkste collega vond uit de Duitse politiek antwoordde ze: 'Geen een. Ik vind alleen natuurwetenschappers aantrekkelijk.'

8. Zorg dat je naam een (werk)woord wordt

Een bekende anekdote over Merkel is die waarin ze als jong meisje wel een uur lang op de hoge duikplank in het diepe staat te turen voordat ze durft te springen. Maar ze springt. En ze blijft springen, al denkt ze van tevoren vaak wel heel lang na. Het is haar verweten, haar bedachtzaamheid, het ellenlange nadenken op het besluiteloze af voordat ze – uiteindelijk toch en meestal uiterst verstandig – politieke knopen doorhakt, waardoor het juist een van haar krachten is gebleken. *Merkelen* is een Duits werkwoord geworden: alle voors en tegens uitgebreid afwegen, nog even geen ja zeggen, maar ook geen nee, pas handelen als de nood aan de man is. Weifelend, onzeker, treuzelend, klonk het de eerste jaren van haar bondskanselierschap. Maar dat beeld is omgeslagen: in tijden van politieke heethoofden die de gekste dingen roepen, geldt Merkel inmiddels als een baken van redelijkheid, kalmte en stabiliteit.

9. Wees een held

'Wir schaffen das,' zei Merkel op 31 augustus 2015 – het lukt ons wel, dat zei ze, niks meer en niks minder. Er is ons Duitsers al zoveel gelukt, het zal ook lukken een grote stroom vluchtelingen een beetje fatsoenlijk op te vangen. Nu wordt nogal eens met grote stelligheid beweerd dat het een hopeloos naïeve uitspraak was waarmee ze een heleboel Duitsers rechtstreeks in de armen van radicaal rechts heeft gedreven; vooral in voormalig Oost-Duitsland boekte de rechts-populistische partij AfD bij de laatste verkiezingen flinke winst. Maar je kunt je afvragen of het niet andersom is. Of het feit dat rechts-populisme in omringende landen als Polen, Hongarije en Italië fors méér voet aan de grond heeft dan in Duitsland juist niet te maken heeft met Merkels 'Wir schaffen das' – een bedaarde oproep tot geciviliseerd gedrag van een *Realpolitiker* uit het politieke midden immers, iemand die bepaald niet bekendstaat als linkse bomenknuffelaar. Als Angela zegt dat het gaat lukken, nou, dan gaat het heus ook lukken, heeft het prompt na die 31ste augustus aan menig *gutbürgerliche* Duitse keukentafel geklonken – als we allemaal een klein beetje inschikken, kunnen die arme drommels er ook nog wel bij. 'Hoe was het zonder Merkel gegaan?' vraagt verderop in dit boek ook journalist en Duitslandkenner Sophie Derkzen zich af in een stuk over de Mutti en Merkiavelli. 'Hoe was het met de polarisatie gesteld als niet een bedachtzame, volstrekt onopgesmukte vrouw de leiding had gehad, maar een figuur met meer van het gebruikelijke machismo?' Een stuk slechter, luidt de onuitgesproken conclusie: Merkel heeft met haar uitspraak Duitsland waarschijnlijk eerder verbonden dan verdeeld. Door twee Belgische universiteiten die haar een eredoctoraat verschaften werd ze vanwege haar 'Wir schaffen das' in het rijtje Nelson Mandela, Gandhi, Martin Luther King en Rosa Parks geschaard: historische figuren die 'kleine daden deden met grote gevolgen'. Waarmee Merkel een heldin werd door iets ogenschijnlijk heel eenvoudigs te verklaren. *Schaffen wir ja auch.*

Negen zaken dus, die we van Merkel kunnen, nee moeten overnemen om haar werk voort te zetten als ze zo meteen van het wereldtoneel is verdwenen. Want zo zal het gaan, ongetwijfeld: de Merkiavelli wordt iets meer Mutti en gaat tuinieren en pruimentaart bakken. Mag ze? Nu is het aan ons om onverschrokken te zijn, te bluffen, te bijten, heldhaftig te zijn en vijanden te verslaan. Mogen we in de vakanties uitrusten. In *scruffy walking gear* in stoeltjesliften zitten, samen met een bijzonder grappige en extreem verstandige man. (Dat deel beheers ik al. Nu de rest nog.)

WIE IS HIER NU DE BAAS?

Els Kloek

Als bedenker en samensteller van het op de Nederlandse geschiedenis gerichte naslagwerk *1001 vrouwen* ben ik niet anders gewend dan dat de informatie over vrouwen doorgaans zeer beperkt is. We hoeven meestal geen meters archief door te spitten en tientallen monografieën te bestuderen om een verantwoord beeld van onze vrouwen te schetsen, want die zijn er doodeenvoudig niet. Natuurlijk, er zijn uitzonderingen, en in de loop van de twintigste eeuw neemt het materiaal snel toe omdat vrouwen langzaam maar zeker steeds meer mee gaan doen aan het publieke leven, maar toch: vaak moeten we woekeren met het schaarse bronnenmateriaal. Logisch, want eeuwenlang stonden vrouwen in de schaduw van de mannenheerschappij – zij hadden niets tot weinig in de melk te brokken. Tel daar de voorgeschreven bescheidenheid bij op die eeuwenlang als typische vrouwendeugd gold. Dat verklaart waarom er veel minder door vrouwen gevormde persoonsarchieven bewaard zijn gebleven. Hun brieven, dagboeken en andere aantekeningen hadden ze zelf vaak al weggegooid, en anders deden hun nabestaanden het wel. Om met Brecht (1930) te spreken:

Denn die einen sind im Dunkeln
Und die andern sind im Licht.
Und man siehet die im Lichte
Die im Dunkeln sieht man nicht.

(Want sommigen staan in het donker
En anderen staan in het licht.
En men ziet degenen in het licht
Die in het donker ziet men niet.)

Nee, dan Angela Merkel! Op de site van de UB kreeg ik met mijn zoekactie op 'Merkel' meer dan drieduizend treffers, en dan heb ik het nog niet over de miljoenen treffers op internet. Logisch natuurlijk, want Angela Merkel geldt al jaren als een van de machtigste personen op het wereldtoneel. En dat voor een vrouw die opgroeide in de DDR en zich nooit echt het air van een 'vrouw van de wereld' heeft aangemeten. Ze straalt eerder bescheidenheid uit dan machtswellust. Toch weet zij uitstekend 'haar mannetje te staan' op het politieke strijdtoneel, waar veel ijdele macho's de dienst uitmaken. Zelfs nu bekend is dat ze nog maar tot 2021 'Bundeskanzlerin' zal blijven – de meeste politici zijn vleugellam zodra zij hun vertrek bekendmaken – lijkt haar gezag redelijk onaangetast. Zeker, ze roept ook weerstand op en de kritiek op haar falende beleid is niet van de lucht. Rond 2012 kreeg ze de schuld van de eurocrisis, rond

2015 van de vluchtelingencrisis en momenteel van de opkomst van de AfD. Desondanks blijft Angela Merkel opmerkelijk veel indruk en sympathie wekken, zelfs in kringen van (vaak linksgeoriënteerde) feministen zoals ik. Wat is haar geheim?

Ik wil een poging wagen om iets van het fenomeen Angela Merkel te duiden door in te gaan op enkele details over haar achtergrond en haar optreden. Wat volgt is een persoonlijk getint stuk van een historica die eigenlijk gewend is om vrouwen volgens het stramien van het naslagwerk juist zo féítelijk mogelijk te biograferen: feiten in plaats van de gebruikelijke framing die vrouwen zo sterk treft omdat ze nog altijd (hoelang nog?) gelden als 'de ander'. Die framing kan gaan over hun uiterlijk, hun sexappeal, hun bazigheid, hun machtswellust, hun geldingsdrang, hun moederlijke neigingen, hun… noem maar op. Vaak doen zulke beeldvormingsprocessen stilletjes hun werk: ze zitten impliciet verborgen in de manier waarop het levensverhaal wordt verteld. Wij hadden als redactie van het naslagwerk *1001 vrouwen* een soort antenne ontwikkeld om dergelijke frames op te sporen en te schrappen. Maar voor een bijdrage aan deze bundel kies ik voor de persoonlijke aanpak. Ik voel me ook persoonlijk 'betrokken' bij haar: net als Merkel ben ik een domineesdochter, en we schelen slechts twee jaar. Beiden groeiden we dus op in de jaren vijftig en zestig, toen domineesgezinnen nog in een glazen huis woonden.

Domineeskinderen en de leugen van de DDR

Bij de research voor dit stuk over domineesdochter Merkel moest ik steeds denken aan het verslag dat mijn moeder (Bertha Kloek-Pott) ooit maakte van een conferentie van 'Pfarrfrauen' uit Oost- en West-Duitsland die zij als Nederlandse domineesvrouw had bijgewoond. Daarom heb ik het erbij gehaald. Het ging om de 'Berliner Bibelwoche für Pfarrfrauen', gehouden van 8 tot 18 juni 1959 – Merkel was toen vijf jaar oud – in Berlin-Grunewald. Deze 'Bibelwochen' werden georganiseerd door de Evangelische Kirche der Union, met steeds een andere beroepsgroep uit het kerkelijk werk. Dit keer was de beurt aan (circa vijfenveertig) domineesvrouwen, onder wie drie uit Nederland. Uiteraard had ik de stille hoop ook de naam van Pfarrfrau Herlind Kasner-Jentzsch, de moeder van Merkel, in dit verslag tegen te komen, maar deze hoop was ijdel. Mijn moeder, toen zesendertig jaar oud en voor zover ik weet nog nooit in het buitenland geweest, doet niet alleen uitvoerig verslag van de dagelijkse Bijbelgesprekken en de lezingen die er werden gehouden, maar ook van de dingen die haar opvielen aan de twee Duitslanden van dat moment, en vooral van de verhalen van de Oost-Duitse 'Schwestern'. Ze schrijft over vrouwen die zwaar werk deden op treinstations in het Oosten (de Muur was nog niet gebouwd), over vluchtelingenkampen in West-Berlijn – met dagelijks duizenden nieuwe vluchtelingen die daar via de S-Bahn zonder bagage (want dat zou opvallen) aankwamen – en over de armoede van domineesvrouwen uit de DDR. Een van de domineesvrouwen liep nog steeds op de schoenen die ze als meisje rond 1939 had gekregen en een ander zat tijdens de Bijbellezing een keer stiekem aan de jurk van mijn moeder te voelen omdat de stof zo heerlijk zacht was.

Ook de verhalen van dagelijkse intimidatie en terreur die kerkelijke gezinnen in de DDR te verduren hadden, maakten diepe indruk op mijn moeder. Verontwaardigd beschrijft ze zowel de kleine pesterijen als het totalitaire systeem, al is ze net zo goed geschokt over het platte materialisme en de benepenheid die het leven in de Bondsrepubliek Duitsland (BRD) domineren. Na een inleiding over het communisme door Pfarrer Staak uit Potsdam noteert mijn moeder: 'Communisme is slechts mogelijk bij vrijheidsberoving. Men kan niet zijn zoals men wil, men kan de waarheid niet zeggen, ook voor kinderen geldt dit. Zij krijgen geen begrip meer van goed en kwaad. Eeuwig is alleen de maatschappij. Men mag geen stukje leven voor zichzelf reserveren, er is een ontpersoonlijking tot in de persoonlijkheidskern. De staat is zelfs in het gezin aanwezig: de ouders zijn tegenover de kinderen vertegenwoordigers van de staat.'

Een veelbesproken onderwerp op de conferentie was de vraag of men daarom zijn kinderen naar het Westen moest laten gaan. Telkens, zo noteert mijn moeder, kwam het punt van de 'Nestwärme' ter sprake. Ik citeer: 'De Duitse predikantsgezinnen zijn nog bijzonder besloten, uit vrijwel elk gezin komen weer predikanten voort, het gezin zet een zeer krachtig stempel op de kinderen. Vandaar dat men ook wel doodsbenauwd is de kinderen los te laten; de "Nestwärme" is onontbeerlijk.' Hierbij maakt mijn moeder de kritische opmerking dat die nadruk op Nestwärme op haar vreemd overkomt, gelet op de enorme hoeveelheid oorlogsslachtoffers en dientengevolge onvolledige gezinnen in het naoorlogse Duitsland. In het verslag geeft mijn moeder een opsomming van de maatregelen om het godsdienstonderwijs in te perken. In plaats van het gebedje dat kinderen traditioneel op de overblijf voor het eten moesten opzeggen, reciteerden ze nu (vrij vertaald door mijn moeder):

boe, boe, boe,
op stal staat onze koe
als ik haar geef te vreten
zorgt zij weer voor mijn eten.

Schoolkinderen kregen lesuren 'strijd tegen het bijgeloof'. De godsdienstlessen die de Evangelische Kirche altijd op scholen placht te verzorgen, ter voorbereiding van de *Konfirmation* die kinderen op hun veertiende deden – een soort initiatieritueel –, waren vervangen door lessen in het communisme, ter voorbereiding van de

Jugendweihe: een inwijdingsritueel waarmee veertienjarigen toetraden in de communistische maatschappij. Ook moet de jeugd beschermd worden tegen '*Schmutz und Schund Literatur*' – en die varieert van Amerikaanse beeldromans (stripboeken dus) tot de Bijbel. Bij de catechisatie zit altijd een toehoorder van de partij, en de kerk mag geen zomerkampen voor de jeugd organiseren – dat doet de staat al. Wij halen daar nu misschien onze schouders over op, maar voor mijn moeder, in de jaren van de wederopbouw actief in het kerkelijke jeugdwerk, kwam dit over als zuivere staatsterreur. Ze verbaast zich er ook over dat de Oost-Duitse collega's dit over hun kant laten gaan omdat ze prioriteit geven aan de schoolopleiding van hun eigen kinderen: 'De meeste ouders laten hun kinderen maar bij de FDJ gaan en maken geen bezwaar tegen de Jugendweihe, als hun kind maar op school mag blijven.' En zo, aldus mijn moeder, leven de kinderen 'in een voortdurende leugen, die van jaar tot jaar ernstiger wordt'.

Ook de in Duitsland geboren historicus Fritz Stern (1926-2016) gebruikte het begrip leugen als kenmerk van het leven in de DDR. In 1997 woonde ik een lezing van hem bij die toen veel indruk op mij maakte. Onder de titel 'Five Germanys I have known' behandelde hij op impressionistische wijze de vijf Duitslanden die hij had meegemaakt: Weimar Duitsland, Hitler Duitsland, de Bondsrepubliek West-Duitsland, de DDR van

Oost-Duitsland en het herenigde Duitsland van na de Wende. Het vierde Duitsland, waarin Angela Merkel opgroeide (en waarin hijzelf tussen 1954 en 1962 woonde en werkte), karakteriseerde hij in zijn lezing als bruut en inhumaan. Het primitieve leven daar had zo zijn charmes, maar de Oost-Duitsers werden gedwongen te leven met de grote leugen dat de Sovjet-Unie de grote broer was die het land had bevrijd van het kapitalisme en diens onvermijdelijke product, het nationaalsocialisme. De Kerk was volgens Stern de enige maatschappelijke kracht die de burgers van Oost-Duitsland nog enigszins steunde in hun strijd voor meer vrijheid. Men snakte ernaar te leven 'in waarheid', aldus Stern. In 2006 gebruikte Stern zijn 'five Germanys' ook als titel voor zijn autobiografie. Ik was dus benieuwd wat deze inspirerende historicus over Angela Merkel te melden had, maar jammer genoeg wijdt hij slechts één voetnoot aan haar: hij noemt haar doorbraak in de politiek een impliciete erkenning van de talenten die in Oost-Duitsland zijn vrijgekomen. Juist mensen als Angela Merkel zijn essentieel voor een werkelijke vereniging van de twee Duitslanden, aldus Stern. Dat is alles.

Ossi's

In april 1990 was ik met een groep collega's (allemaal historici) op studiereis in Berlijn. De reis had al heel lang in de pen gezeten, en ook de voorbereidingen hadden een dusdanig lange voorgeschiedenis gehad, dat alles nog onder het oude regime was georganiseerd. De reis was geboekt bij het op ontmoetingen met Oost-Duitsland gerichte reisbureau Kontakt International. Zo kon het gebeuren dat wij een ontmoeting hadden met een Oost-Berlijn dat geheel in verwarring was. Ook al was het een half jaar na de Wende, als groep moesten we ons nog als vanouds melden in een stalinistisch ogend kantoor op Alexanderplatz, werden we gehuisvest in een voormalige kostschool voor Oost-Duitse diplomatenkinderen in Königs Wusterhausen, een stadje ten zuidoosten van Berlijn – iedere dag zaten we een uur in de bus van onze reisorganisatie naar Berlijn, te midden van enorme files trabantjes. In Berlijn werden we rondgeleid door een hypernerveuze gids met een onversneden DDR-opleiding die niet meer wist hoe ze zich diende te gedragen en wat ze wel of niet mocht zeggen. Na drie dagen Oost-Berlijn mochten we zónder de gids een dagje naar West-Berlijn. Toen ik daar in een café op de Ku-dam naar de wc ging, ervoer ik iets wat ik met een historische sensatie zou willen vergelijken: het water kwam vanzelf uit de kraan als je je handen eronder hield. Ik zal nooit vergeten hoe ik me even een ossi voelde, terechtgekomen in de wondere wereld van het Westen.

Angela Merkel was zo'n ossi, al heeft zij dankzij de leidinggevende positie van haar vader beslist ook privileges gekend. Zo kon zij via familie in West-Duitsland aan westerse kleren (spijkerbroeken!) komen. Vader Horst Kasner was een lutherse predikant uit Hamburg die in 1954 met zijn vrouw besloot om zich in het atheïstische Oost-Duitsland te vestigen. Zag hij zichzelf misschien als een zendeling? Na enkele jaren dorpspredikant te zijn geweest, werd hij in 1957 directeur van het opleidingscentrum voor predikanten in Templin. In die hoedanigheid was hij ook lid van de Pastorale Raad van de Evangelisch-Lutherse Kerk in Oost-Duitsland, die nauw samenwerkte met de communistische autoriteiten van de DDR. Daardoor genoot het gezin Kasner onder andere het privilege vrij te kunnen reizen naar 'niet-socialistische' landen, familie uit het westen te ontvangen en westerse boeken aan te schaffen. Toch zal het niet makkelijk zijn geweest om als domineesdochter in de DDR op te groeien, want het communisme moest de plaats innemen van het christelijk geloof en predikanten werden daarom per definitie gezien als klassenvijand in de jonge, proletarische 'staat van boeren en arbeiders'.

Ook al was Angela Merkel in haar jeugd lid van de FDJ en deed ze mee aan de voorbereidingen voor de Jugendweihe, toen haar klasgenoten op 19 april 1969 het feest vierden, deed zij daar niet aan mee. Kennelijk wist zij een manier te vinden om sociale uitsluiting te voorkomen: wel actief zijn in de FDJ-groep, maar tegelijk de kerkelijke achtergrond van haar ouders trouw blijven. Desgevraagd gaf Merkel later in een interview met haar biograaf Gerd Langguth toe dat het niet altijd even makkelijk was domineesdochter te zijn in een zo kerkvijandige omgeving, omdat er continu op je werd gelet en je erop werd aangesproken. Toch benadrukte ze ook de goede kanten ervan: medescholieren vonden haar juist interessant omdat haar vader dominee was. Toen ze op 3 mei 1970 belijdenis deed, koos ze voor de Bijbeltekst ('Konfirmationsspruch') 1 Korinthiërs 13, vers 13: 'Ons resten geloof, hoop en liefde, deze drie, maar de grootste daarvan is de liefde.' Ze vertelt dat ze die tekst zelf had uitgezocht, en dat ze nog altijd vindt dat het zoeken naar het goede in de mens de leidraad van het leven zou moeten zijn: '*Das war auch immer meine Lebensmaxime.*' In dit interview vertelt ze ook dat ze niet in de voetsporen van haar vader heeft willen treden door theologie te gaan studeren, maar ervoor koos om als christen búíten het ambt actief te zijn. Hoe ze dat voor zich zag met haar studie natuurkunde vraagt Langguth haar niet, maar duidelijk wordt wel dat haar keuze voor de universiteitsstad Leipzig (en niet Berlijn) was ingegeven door haar wens om zo ver mogelijk van het ouderlijk huis te studeren. Ze zocht haar zelfstandigheid.

Die drang om zich van haar ouders, en vooral van haar vader, los te weken is ook op te maken uit haar besluit om de naam van haar eerste echtgenoot (Ulrich Merkel) aan te houden, ook nadat ze in 1982 van hem was gescheiden – het huwelijk had nog geen vijf jaar geduurd. Na haar afstuderen, aldus Merkel, werd ze gevraagd om voor de Stasi te gaan werken. Ze had dit voorstel afgeslagen onder het mom dat ze niet goed was in zwijgen (ze zou geheid haar mond voorbijpraten), en daarom voor dergelijk werk ongeschikt was. Dit argument, aldus nog steeds Merkel, hadden haar ouders haar al in haar jeugd meegegeven. De weigering betekende dat ze niet de wetenschappelijke positie kreeg die ze ambieerde.

De ouders van Angela Merkel hadden zelf gekozen voor een leven in de DDR, en daarmee hun kinderen laten opgroeien als ossi's. Merkel heeft haar ouders deze keuze niet kwalijk genomen, maar heeft zelf weloverwogen een andere weg gekozen. Haar vader was een typische 'rode dominee' die bereid was tot compromissen met het regime. De moeder (lerares van beroep) werd door de keuze voor de DDR gedwongen tot een bestaan als 'domineese' – het was haar niet toegestaan haar beroep uit te oefenen. De verhalen van Merkel over haar moeder doen sterk denken aan wat mijn moeder schreef over de Nestwärme in Duitse domineesgezinnen: 'Elke dag als ik uit school kwam, heb ik met mijn moeder alles wat er gebeurd was "doorgenomen", zoals wij dat steeds noemden. Nog steeds ben ik er dankbaar voor dat ons deze mogelijkheid thuis werd geboden,' aldus Merkel op de CDU-partijdag van 6 december 2004. Een goede opleiding van haar kinderen was voor Herlind Kasner een voortdurend gevecht.

'Merkelen' en 'machen'

Angela Merkel weet haar privéleven heel goed af te schermen, maar is in haar publieke optredens (inclusief interviews) soms juist opmerkelijk open, en soms zelfs ontwapenend spontaan. En zo zijn er bij elkaar toch heel wat saillante details over haar bekend. Veel aangehaald is het verhaal dat ze op de avond dat de Muur viel (9 november 1989) met een vriendin in de sauna zat, zoals ze altijd deed op donderdagavond. Overigens is ze na de sauna wel degelijk naar West-Berlijn gegaan. Ze is bij wildvreemde West-Berlijners thuis geweest maar maakte het niet te laat, want ze moest de volgende dag gewoon weer naar haar werk – ze werkte toen als wetenschappelijk medewerkster aan het Zentralinstitut für Physikalische Chemie (ZIPC) van de Academie der Wetenschappen van de DDR in Berlijn-Adlershof. Vaak wordt deze anekdote van de sauna gebruikt om de onverstoorbaarheid en afstandelijkheid van Merkel te onderstrepen. Ik betrap mezelf er echter op dat ik vooral verbaasd ben dat een ossi zich kennelijk wel de luxe van een wekelijkse sauna kon permitteren – dat past niet in mijn beeld van de DDR. Daar komt nog bij dat Merkel zelf de volgende aanvulling heeft op dit verhaal: ze belde haar moeder omdat zij nu eenmaal hadden afgesproken dat ze samen oesters in Kempinsky zouden gaan eten zodra de Muur was gevallen. Ook dat beeld van oesters eten past niet goed in mijn 'frame' van een domineesvrouw en haar dochter, en al helemaal niet als ze uit de DDR komen. Overbekend ook is de anekdote van de springplank in het zwembad. Als kind was ze sowieso niet goed in sport, zelfs een trap af lopen moet jarenlang een probleem zijn geweest (ze moest de techniek van de afdaling analyseren voor ze die in de praktijk kon brengen, zei ze er zelf later over). Ze durfde niet van de hoge duikplank en sprong pas toen de zwemles bijna ten einde was. Dit verhaal wordt vaak gebruikt als voorbode van haar voorzichtige politiek en heeft zelfs geleid tot het neologisme 'merkelen'. Haar optreden tijdens de kredietcrisis is daar een voorbeeld van. Ze had te weinig verstand van financiële markten, vond ze zelf, en liet zich daarom uitvoerig bijscholen over derivaten, staatsobligaties, triple A-status en wat dies meer zij voor ze beslissingen nam. Toen enkele jaren later de eurocrisis in al haar hevigheid losbarstte en Griekenland failliet dreigde te gaan, vroegen kranten zich openlijk af of ze ook deze crisis zou overleven. Zo ja, dan wordt ze de heldin, maar als het misgaat, zal ze alle schuld krijgen. Merkel won: uiteindelijk was zij de politieke leider in Europa die het voortouw durfde te nemen en zowel Griekenland als de euro te redden, onder het motto 'scheitert die Euro, scheitert Europa'.

Merkel kan dus zeer doortastend, ja moedig zijn. Hoeveel wikken en wegen daaraan voorafgaat, onttrekt zich aan ons oog, maar ze onderneemt soms ook redelijk impulsieve acties. Het meest treffende voorbeeld daarvan vind ik haar besluit als partijsecretaris van de CDU om Helmut Kohl, in de problemen gekomen over donaties aan de partijkas, via een open brief in de *Frankfurter Allgemeine Zeitung* (22-12-1999) publiekelijk te laten vallen. Maar er zijn meer van dit soort voorbeelden. Na de ramp in Fukushima nam Merkel onverwijld de beslissing dat alle kernenergiecentrales in Duitsland op termijn dicht moesten. En toen de vluchtelingencrisis in 2015 uit de hand dreigde te lopen, sprak zij de woorden (die vermoedelijk later de geschiedenisboeken zullen halen): 'Wir schaffen das.' In antwoord op de vraag of ze niet bang was voor de islamisering van Europa, zei ze dat angst altijd een slechte raadgever is. Ze voegde daaraan toe dat mensen die zich zoveel zorgen maken over de teloorgang van het christelijke 'avondland', er beter aan zouden doen af en toe eens naar de kerk te gaan en wat in de Bijbel te lezen.

Sommige anekdotes laten iets zien van haar humor en onverstoorbaarheid. Toen een ober de macht over zijn dienblad verloor en zes glazen bier in Merkels nek uitgoot, schudde ze even het bier van zich af en bracht vervolgens onaangedaan een toost uit. Ook te midden van de ijdele wereldleiders weet ze zich uitstekend staande te houden. In 2007 liet Poetin in een bespreking zijn labrador op haar los, naar verluidt omdat hij wist dat ze bang is voor honden. Ter geruststelling zei Poetin dat de hond dol was op journalisten, waarop Merkel in vloeiend Russisch riposteerde dat ze dan vreesde voor hun leven. Toen Berlusconi haar in 2014 op de rode loper liet wachten bij de ontvangst voor de NAVO-top omdat hij nog aan het telefoneren was, onderging ze dit affront schijnbaar onaangedaan. Enkele jaren later weigerde Donald Trump haar een hand te geven – Angela Merkel stal (wat mij betreft) de show door haar ogen ten hemel te slaan. Iconisch is ook de foto die in juni 2018 werd gemaakt van de wereldleiders, bijeen op een top van de G7. 'Mutti Merkel' staat voorovergebogen, met twee handen leunend op de tafel. Ze lijkt Trump (de enige die zit) toe te spreken alsof hij een stout jongetje is dat zijn bordje niet wil leegeten; de anderen kijken bewonderend toe. Bijschrift bij de foto, die de hele wereld over ging: 'Wie is hier nu de baas?'

In een interview (*de Volkskrant*, 6-12-2019) met de kop 'Onbeschaamd hoe politici liegen' klapte de scheidende EU-voorzitter Donald Tusk uit de school: 'Leugens in de politiek waren er altijd, maar vandaag is de bereidheid om te liegen schaamteloos.' Hij verwees hierbij naar de campagnes van Trump en de brexiteers en noemde dit gedrag 'immoreel'. Ik geloof niet dat hij bij deze uitspraak Angela Merkel voor ogen had. Over het algemeen geldt zij vooral als integer en eerder als ethisch dan als cynisch. In hetzelfde interview verwijt Tusk haar wel het gemak waarmee ze bij de vluchtelingencrisis van 2015 de woorden 'wir schaffen das' sprak. En inderdaad, misschien is die uitspraak van Merkel ook wel een voorbeeld van datgene wat ze ooit tegen de Stasi in stelling had gebracht: ze kan soms haar mond voorbijpraten.

Met één vraag bleef ik bij mijn zoektocht naar het geheim van Angela Merkel zitten: waarom in godsnaam was deze wat verlegen, niet-ijdele, nuchtere, integere wetenschapper uit de DDR eigenlijk zo geïnteresseerd in macht? Waarom koos ze ervoor om vrijwel dagelijks te verkeren in de arena van het politieke machtsspel, bemand door ijdele, zelfingenomen types (meest mannen) met grote ego's die vooral de baas willen spelen en het daarom vaak niet zo nauw nemen met de waarheid? En hoe houdt ze dat vol? Een deel van het antwoord is mijns inziens te vinden in wat Merkel zelf hier ooit over zei. Het woord 'macht' komt van het werkwoord 'machen': dingen doen. Macht is nodig om dingen voor elkaar te krijgen, en dat is wat Merkel wil.

Velen zijn geïntrigeerd door de persoon Angela Merkel. Afgezien van de talloze boeken en bundels zijn er opera's en podcasts over haar gemaakt, is er een barbiepop naar haar gemodelleerd, en maakte de Duitse fotografe Herlinde Koelbl sinds 1991 jaarlijks (met een stop van 1999 tot 2006) twee portretfoto's van Merkel, waarbij ze haar steevast drie vragen stelt over het voorgaande jaar: wat heeft u geleerd, wat heeft u afgeleerd, en had u tijd om een pruimentaart te bakken? Die laatste vraag is een indirecte manier om te vragen of ze nog wel tijd heeft voor haar privéleven. Koelbl wil met dit project doorgaan zolang Merkel aan de macht is – waarschijnlijk duurt het dus nog tot 2021. Ik kan me nu al verheugen op het boek dat Koelbl dan ongetwijfeld zal publiceren, met foto's die de ontwikkeling zullen tonen die Merkel doormaakte, van een schuchtere jonge vrouw uit de DDR tot de langstzittende bondskanselier die Duitsland ooit heeft gehad. En uiteraard kijk ik ook uit naar de autobiografie die Angela Merkel dan hopelijk zal schrijven. Misschien dat we dan iets meer te weten komen over het geheim van deze fascinerende politica.

NIEMAND LACHT MEER ALS EEN MEISJE HET TOT BONDSKANSELIER SCHOPT

Devika Partiman

Alsof het de normaalste zaak van de wereld was. Zo gaf Angela Merkel in november 2005 haar eerste toespraak als bondskanselier. Ze was zojuist gekozen tot de eerste vrouwelijke bondskanselier van Duitsland, maar repte in haar toespraak over die historische positie geen woord. Het allereerste onderwerp dat Merkel aankaartte in haar speech, was dat er een Duitse journalist en haar chauffeur sinds de week ervoor vermist waren. De verwachting was dat ze gekidnapt waren in Irak. Ze liet weten dat de overheid dit veroordeelde, zich niet zou laten 'blackmailen', en dat ze er alles aan zou doen om hen te bevrijden. Het leverde direct een groot applaus op. Het was een klassieke 'het Westen versus het Midden-Oosten'-zaak, en daarna had ze het over het belang van een sterke economie en een sterke positie op het wereldtoneel, over het belang van het sociale systeem in Duitsland, maar dat er geen misbruik van gemaakt moest worden. Opgeteld waren dit allemaal elementen van een redelijk klassiek conservatief verhaal.

Angela Merkel en ik staan ver uit elkaar als het op inhoud aankomt, maar ik heb groot respect voor haar bijzondere positie. Want al deed Merkel alsof haar aantreden de normaalste zaak van de wereld was, dat was het absoluut niet. In 1919, 86 jaar voordat Merkel zou aantreden, mochten vrouwen in Duitsland voor het eerst verkozen worden. Bij die verkiezingen kwamen er maar liefst 37 vrouwen in één keer in het parlement; daarmee sprong het Duitse parlement van 0 naar 9 procent vrouwelijke leden. Deze groei zette lang niet zo explosief door. Pas eind jaren negentig zouden vrouwen meer dan een kwart van het parlement vormen, en nog steeds is het percentage vrouwen in het Duitse parlement nooit hoger geweest dan 37 procent.

Nederland loopt nog een stukje achter op de buren. In 1917 mochten vrouwen in Nederland voor het eerst verkozen worden. Vrouwen mochten nu wel op de kieslijst, maar nog niet naar de stembus. De mannelijke kiezer verkoos in 1917 slechts één vrouw in de Tweede Kamer: Suze Groeneweg, een Rotterdamse onderwijzer. Suze Groeneweg en Angela Merkel delen een historische positie als 'eerste vrouw' op een belangrijke politieke positie. De omstandigheden waren echter behoorlijk anders: Groeneweg trad aan in een wereld die tot dan toe enkel en alleen voor mannen toegestaan was. Merkel ging een regering leiden die reeds voor een derde uit vrouwelijke parlementsleden bestond.

Het verschil wordt nog duidelijker wanneer je hun beider eerste speeches bekijkt. Waar Merkel in haar eerste toespraak als bondskanselier niets vermeldde over haar vrouw-zijn, sprak Suze Groeneweg in haar 'maiden speech' (de politieke naam voor de eerste keer dat je je collega's toespreekt) als volgt:

'Nu zich het historische feit voltrekt, dat voor de eerste maal een vrouw het woord zal voeren in 's lands vergaderzaal, gevoel ik wel zeer sterk de verantwoordelijkheid, die mij opgelegd werd, toen mij de hooge eer te beurt viel als draagster van deze geschiedkundige gebeurtenis hier binnen te treden.'

In meer begrijpelijke taal zou Suze Groeneweg hier later over zeggen: 'Wanneer ik als Kamerlid mislukte, zouden alle vrouwen het gedaan hebben. Als ik blunders gemaakt zou hebben, was er natuurlijk direct geroepen dat de vrouwen het niet konden en dan waren vrouwen ineens een heel eind achterop geweest in hun strijd voor gelijkberechtiging.'

Stel je voor dat je de verantwoordelijkheid draagt voor de kansen die vrouwen na jou krijgen. Dat als jij faalt (volgens de publieke opinie), je voor andere vrouwen een extra drempel opwerpt. Ook voor Merkel geldt deze verantwoordelijkheid natuurlijk. Want als je als eerste vrouw op een hoge positie iets niet goed doet, dan hoef je niet lang te wachten tot er stemmen opgaan dat álle vrouwen minder geschikt zouden zijn voor leiderschapsfuncties. Je vertegenwoordigt als vrouw aan de top niet alleen jezelf, maar een hele groep vrouwen. Hoe oneerlijk dat ook is.

Wanneer ik denk aan de maiden speeches van deze twee vrouwen, komt direct het beeld van Alexandria Ocasio-Cortez in me op. In de documentaire *Knock Down the House* is te zien hoe dit Amerikaanse Congreslid – ten tijde van de documentaire nog kandidaat voor het Congres – zich voorbereidt op een debat met haar tegenstander. Ocasio-Cortez zit op de bank in een kleine kamer met haar partner tegenover zich en bespreekt haar debatstrategie. '*I need to take up space*,' zegt ze terwijl ze haar armen uitslaat en wijde bewegingen om zich heen maakt. Alsof ze de ruimte wil voelen die ze in wil nemen, groter dan haar lichaam. Ze vervolgt (en praat nu duidelijk niet meer tegen haar partner maar tegen zichzelf): '*I am experienced enough to do this. I am knowledgeable enough to do this. I am prepared enough to do this. I am mature enough to do this. I am brave enough to do this.*'

Ze bereidt zich mentaal voor, niet zozeer op de inhoud van het debat, want die beheerst ze, maar op het feit dat zij als jonge vrouw van kleur uit de arbeidersklasse straks een podium betreedt dat voorheen uitsluitend bezet werd door rijke witte mannen. Ze is zich er bewust van dat ze een 'outsider' is, dat ze niet tot de politieke norm behoort. En ze zou na een glorieuze grassroots-campagne het zittende Congreslid Joe Crawley – een man die al twintig jaar (!) deze positie bekleedde – verslaan met ruim 57 procent van de stemmen. Zouden Angela Merkel in 2005 en Suze Groeneweg in 1917 zichzelf ook op deze manier moed in hebben gepraat?

Al repte Merkel in haar maiden speech met geen woord over haar bijzondere positie, ze was zich er zeer bewust van. Ik kan alleen maar gissen naar waarom zij dit niet direct benoemde, maar ik vermoed dat het was omdat zij donders goed begreep dat de pers tóch wel over haar zou schrijven als 'eerste vrouw'. Dat het in de jaren die zouden volgen niet alleen zou gaan over haar beleid en leiderschapscapaciteiten, maar ook over haar kleding, houding en uiterlijk. Maar nu was ze leider van een land. Ze koos om zich te focussen op de inhoud, op haar plannen voor Duitsland. En het zou blijken dat het over de rest inderdaad nog genoeg zou gaan. Later zou ze zich wel uitlaten over 'de eerste zijn'. '*Nobody laughs any more if a girl says she wants to become a chancellor,*' zei ze in 2018 in een speech bij de viering van honderd jaar vrouwenkiesrecht in Duitsland. Het spreekt tot de verbeelding. Zou ze het als meisje zelf wellicht hebben gedacht en uitgesproken: Ik wil bondskanselier worden? Weet ze uit eigen ervaring dat niemand het serieus nam? Hadden mensen moeten lachen om dat kleine meisje met die onhaalbare ambitie? Nou, lijkt Merkel te willen zeggen, ik lach mooi het laatst! Want waar in Nederland kinderen nog steeds opgroeien met het beeld dat het minister-presidentschap een mannenbaan is, heeft Merkel dit in Duitsland eindelijk weten te doorbreken.

Maar, zei ze in diezelfde speech: '*One swallow does not a summer make. The fact that I exist should not be an excuse.*' Oftewel: dat ik er ben, betekent niet dat de emancipatie klaar is.

Hieruit vloeit mijn fascinatie voor Merkel voort: zij is die éne zwaluw; een zeldzaamheid, een voorhoede, een eenling. Want Merkel is niet alleen de eerste, zij is ook regelmatig de énige. De énige vrouw in de ruimte, of ten minste een van de wéinige vrouwen in de ruimte.

In 2017 was Merkel een van de slechts vijftien vrouwelijke leiders van een land ter wereld. En van die vijftien vrouwen waren er acht 'de eerste' op die positie. Zij betrad dus, samen met een paar vrouwen die dit veelal net als zijzelf voor het eerst deden, een wereldtoneel dat vrijwel geheel uit mannelijke leiders bestond. De beelden hiervan zijn indrukwekkend. Groepsfoto's van de wereldtoppen waar ze aan deelnam. Foto's van topoverleggen. Foto's van haar op staatsbezoeken. Man man man man man man man man man man man man man Angela man man man man…

De Britse editie van het tijdschrift *Elle* publiceerde in 2017, in de video #MoreWomen, een hele reeks beelden van dit soort momenten. De video is een compilatie van foto's van parlementen, groepsfoto's van wereldleiders, talkshowtafels, militaire leiders en politieke vergaderingen. De originele foto's worden afgewisseld met bewerkte versies waar alle mannen uit gephotoshopt zijn. Wat overblijft? Heel veel lege ruimte. En ergens in die ruimte staat of zit ze steeds: die enkele vrouw.

Altijd maar de enige zijn in een wereld die nooit voor jou was bedoeld, heeft allerlei grote én kleine consequenties. Zo hoorde ik recent een bijzonder mooi, pijnlijk en grappig voorbeeld van hoe sterk de politieke wereldtop altijd op mannen gericht is geweest. En van een bron die dit als geen ander kan weten: Maria Liberia Peters. Net schreef ik dat Nederland nog nooit een vrouwelijke premier heeft gehad, maar eigenlijk is dat niet helemaal waar. Want de Curaçaose Maria Liberia Peters is een van de maar liefst víjf vrouwelijke ex-premiers van de Nederlandse Antillen. Om precies te zijn, was Maria Liberia Peters de tweede vrouw op deze positie, na Lucina da Costa Gomez-Matheeuws. Haar vrouwelijke voorganger bekleedde de positie in 1977 voor een maand nadat de toenmalige premier overleed: haar partner Moises da Costa Gomez. Liberia Peters was dan wel niet de eerste, ze was wel de eerste lang zittende vrouwelijke premier van de Antillen. Maar de premiers van de Nederlandse Antillen ontbreken standaard op alle lijstjes van voormalige Nederlandse premiers, hoewel het onmiskenbaar de geschiedenis van het Koninkrijk der Nederlanden betreft. Om te zorgen voor meer erkenning van een van deze bijzondere vrouwen, suggereerde ik begin 2019 bij het kennisinstituut voor vrouwengeschiedenis Atria om Maria Liberia Peters uit te nodigen in Nederland. En zo geschiedde: in oktober 2019 kwam zij voor een week naar Nederland. Zoals ik al hoopte zat zij boordevol verhalen.

'Als ik het koninkrijk en het groothertogdom van Luxemburg moest vertegenwoordigen bij bepaalde officiële evenementen, zoals het inzweren van nieuwe presidenten in de regio – Nicaragua, Venezuela, et cetera – ging mijn man vaak mee,' vertelde Maria Liberia Peters op een van de evenementen waar zij in Nederland sprak. Haar man was Niels Liberia, en hij ging zoals het de partner van een staatshoofd betaamt regelmatig mee naar officiële gelegenheden. Liberia Peters was samen met Eugenia Charles (oud-premier van Dominica) de enige vrouwelijke president in de regio. Eugenia Charles had geen partner, en dus was Niels Liberia vaak de enige mannelijke 'partner van'. Er werd meestal een apart programma voor 'de dames van de minister-presidenten en presidenten' georganiseerd, met zogenaamde 'vrouwendingen', en plots liep daar steeds een man tussen. Haar man. Moest Niels Liberia dan toch maar in 'de mannenzaal' bij de staatshoofden? Of tussen alle vrouwen? Uit veiligheidsoverwegingen moest hij bij een van de twee programma's aansluiten en na een tijdje kreeg haar man een eigen regeling. Hij kreeg een eigen aide de camp (assistent) én zijn eigen beveiliging. In woorden van Liberia Peters: 'Hij kon niet tussen al die vrouwen gaan lopen, toch?'

Deze anekdote is treffend voor al die subtiele manieren waaruit blijkt dat de politiek niet is ingericht door en voor vrouwen: de leiders zijn mannen, en hun partners zijn vrouwen. En dat vooroordeel klopt helaas nog steeds. Op een paar vrouwelijke wereldleiders en af en toe een prinses of koningin na, is de top man, én veelal hetero. Voor die paar vrouwelijke leiders is dat waarschijnlijk geen feest, maar vooral ook maak ik me zorgen over de invloed die dit nog steeds heeft op kinderen en jonge vrouwen. Want daardoor blijft het beeld van politiek overeind dat het een mannenwereld is, waar de vrouwen die zich erin wagen standaard in de minderheid zijn. Een minderheid die bovendien vaker online wordt bedreigd en uitgescholden, die in de media wordt aangesproken op de kleding- en stijlkeuzes, aan wie gevraagd wordt hoe ze het toch combineren met eventuele kinderen of een eventuele kinderwens, en aan wie de vraag wordt gesteld of dat eigenlijk wel leuk is voor hun echtgenoot, om zo'n ambitieuze vrouw te hebben.

De enige manier waarop we verandering teweeg kunnen brengen is door te zorgen dat de Angela Merkels van deze wereld niet langer de enigen zijn. We moeten meer vrouwelijke politici verkiezen, we moeten een diversere groep mensen verkiezen, we hebben politici nodig die zich niet langer schikken naar de status quo. We hebben politici nodig die mensen aanspreken op hoe belachelijk (en bovendien heteronormatief) het is dat er bij het diner een apart programma is voor de 'vrouwen van' de wereldleiders. We hebben politici nodig die bij de rest van hun collega's het broodnodige bewustzijn gaan aanwakkeren dat dit zo niet langer kan. Zodat er verandering komt voor henzelf, én voor alle meisjes, vrouwen en anderen die na hen komen. Om dit realiteit te laten worden, hebben we meisjes en vrouwen als Angela Merkel hard nodig. Mensen die durven te dromen over én durven te streven naar iets wat aanvankelijk nooit bedoeld was voor hen. Want één vrouw is niet genoeg. *One swallow does not a summer make.* En totdat het zomer is, ben ik blij dat vrouwen als Angela Merkel de moed hebben om te doen alsof het de normaalste zaak van de wereld is dat zij daar staan.

JACKE MIT HOSE

Cécile Narinx

In het Duits klinkt het mooier. Wat er ook gezegd wordt over Merkels outfits, dat ze saai, mannelijk, fantasieloos, vormeloos of mutsig zijn, in de woorden van de *Stuttgarter Nachrichten* van 13 juli 2009 wordt de omschrijving van Merkels o zo kenmerkende uitdossing bijna poëzie. Er staat: 'klassisch-elegante Hosenanzüge', en zelfs: 'farbenfrohe Blazer zu dunkler Anzughose'.

Want dat is exact wat Angela Merkel draagt, 99 procent van de tijd: behoorlijk vrolijk gekleurde blazers met daaronder donkere broeken. De kleuren van de blazers zijn vergelijkbaar met wat je tegenkomt in de beter gesorteerde macaronwinkel: pasteltinten als banaangeel en pistachegroen, ivoorwit, zacht-, zalm- en knalroze, mango- en mandarijnoranje, frambozenrood, lavendellila, karamelbeige, mokka- en chocoladebruin, tot het diepst donkere puur. Och, de spanwijdte van Merkels kleurenwaaier is enorm. Hóé enorm werd bijzonder overzichtelijk gemaakt in de zogenaamde Pantone Merkel, waarin 90 verschillende foto's van Merkel in bonte blazers naar kleur zijn gerangschikt. Een project van de Nederlandse vormgeefster Noortje van Eekelen, die voor haar master aan het Sandberg Instituut 'The Spectacle of the Tragedy' bedacht, een website waarop beelden van de Europese leiders in een nieuwe context getoond werden. Zo kregen bijvoorbeeld ook de tassen van Carla Bruni een eregalerij, en de hartelijke zoenen die Merkel en Sarkozy tussen 2007 en 2012 uitwisselden. Vooral de Pantone Merkel werd een hit, en zoals dat gaat met goede ideeën: die worden naar hartenlust gekopieerd en geïmiteerd.

Wat de Pantone Merkel zo haarfijn duidelijk maakt, is de granieten consequentie van aankleden die Merkel hanteert. Alle jasjes zijn effen, ze hebben allemaal zakken op de heupen – een enkele keer nog een of twee zakken op de borst – en ze hebben alle een enkele rij knopen – meestal drie, soms vier. In het overgrote deel van de gevallen zit er een kraag aan, héél soms heeft die kraag een afwijkende kleur. De overige jasjes zijn kraagloos – in dat laatste geval zitten er de eerdergenoemde vier knopen op. De broeken zijn veelal zwart, soms grijs, een enkele keer wit maar allemaal saai. Recht en eindigend op de schoen, die soms een hakje heeft, af en toe een sleehak, maar meestal een verstandige veterstapper is.

Achter al Merkels 'klassiek-elegante kleurenblije blazers en donkere pakpantalons' zit één en dezelfde vrouw: de blonde Hamburgse ontwerper Bettina Schoenbach, die een aantal Duitse televisiepersoonlijkheden kleedt. Schoenbach komt uit een textielfamilie en ging als kind al met haar ouders mee naar stoffenbeurzen en modeshows, leerde naaien in Parijs van de thans glad vergeten Madame Renata, studeerde aan het Fashion Institute of Technology in New York en werkte voor Valentino en Armani. Na twaalf jaar in de Verenigde Staten keerde ze terug in Hamburg en opende ze een winkel pal naast de boetiek van Chanel – je moet maar durven, in de geboortestad van Karl Lagerfeld.

Schoenbachs filosofie over mode en stijl luidt als volgt: 'Mode is vergankelijk, het is belangrijk om je eigen stijl te vinden en je er comfortabel in te voelen. Een outfit moet tegelijkertijd authentiek, modern-elegant en casual zijn.'

Dat van die eigen stijl vinden is meer dan gelukt bij Angela Merkel, kunnen we stellen.

Toch heeft het een halve eeuw geduurd eer Angela Merkel haar kenmerkende look kreeg. Mode was zeg maar niet echt haar ding. Dat ze in de DDR opgroeide als dochter van een lutherse dominee heeft daar vast alles mee te maken. Het stadje Templin in het zuiden van de rurale Uckermarkregio, bekend om zijn thermaalbaden en vakwerkhuizen, zal geen omgeving zijn geweest waar de *Vogue* stapels dik in de kiosken lag en de Parijse mode en *froufrou* de winkels uit puilden. Geen reden ook om aan te nemen dat de kleine Angela eindeloos in de kast van haar moeder Herlind, docent Engels en Latijn, kon grasduinen tussen avondjaponnen en glittermuiltjes met maraboeveren. Erika Benn, Merkels docent Russisch uit die tijd, verklapte aan *The New Yorker* dat Merkel als tiener nooit bitchy of flirterig was; ze was niet geïnteresseerd in kleding, 'altijd kleurloos', en 'haar kapsel was onmogelijk – het zag eruit als een pot op haar hoofd'. Een voormalige schoolgenoot noemde haar een lid van de Club van de Ongekusten.

Jeugdfoto's tonen een schuw meisje, tijdens wiskundeolympiades en wandeltochten gekleed in praktische, licht-suffe kleren. Tweedehandsjes, gekregen van familie in Hamburg. Ook in Leipzig, waar Merkel evenals Goethe, Nietzsche en Wagner studeerde, zal het op de natuurkundefaculteit niet gestikt hebben van de inspirerende modepopjes. Als jongedame droeg de latere kanselier vooral broeken, houtje-touwtjejassen en decente bloesjes.

In datzelfde artikel uit *The New Yorker* bekent politicus Rainer Eppelmann dat in 1990 Lothar de Maizière, de toenmalige Duitse voorzitter van de ministerraad, Merkel omschreef als 'een typische DDR-wetenschapper, met een zakkerige rok, jezussandalen en een kort kapsel'. Na een buitenlandse trip vroeg De Maizière aan zijn officemanager om nieuwe kleren met haar te gaan kopen – naar verluidt wist Merkel in die tijd ook niet hoe je een creditcard gebruikt. Vanaf 1991 werd Merkel gevolgd door fotografe Herlinde Koelbl, die constateerde dat Merkel – in tegenstelling tot haar collega-politici

Schröder en Fischer – geen ijdele vezel in haar lichaam heeft.

De vele foto's die Koelbl maakte geven een goed beeld van de langzame transformatie die de politica onderging. Tot diep in de jaren negentig droeg Merkel vierkante, geruite jasjes met jarentachtigpowerschouders. Haar kapsel evolueerde van een pothelmencoupe naar een even seksloos pagekopje, model Prins Vailant. De eerste pastelkleurige jasjes doemden eind vorige eeuw op, maar het duurde tot 2005, toen Merkel vijftig was, tot ze werk ging maken van haar verschijning. Er werd, voorafgaand aan de federale verkiezingen, een charmeoffensief gepland om Merkels kansen te doen stijgen: ze lachte aantoonbaar vaker op foto's en kreeg een uitgebreide make-over. Sterrenkapper Udo Walz knipte, bleekte, föhnde en toverde het wash&go pagekapsel om tot een Caroline Tensen-eske kortere, blondere coupe. De Hamburgse Bettina Schoenbach leverde, zoals gezegd, jasjes in alle mogelijke tinten. Hoe of via wie Merkel bij Schoenbach terechtkwam, daarover zwijgt de discrete ontwerpster als het graf.

De metamorfose van mutsige melkmeid tot 'polished Powerfrau' leverde Merkel aanvankelijk positieve reacties op. Logisch ook, want ze had nu ook de textiele stap van oost naar west gezet en daarmee een flinke hups opwaarts op de glamourladder. Maar naarmate Merkel vaker gefotografeerd werd – een logisch gevolg van haar grote rol op het wereldpolitieke toneel – begon het op te vallen dat ze niet zozeer een eigen stijl had, als wel maar één outfit, zij het in alle mogelijke kleurvarianten.

Nou ja, één outfit voor de werkdagen van de week. Er was een moment, in april 2008, toen Merkel iets heel anders droeg, ter gelegenheid van de inauguratie van de Opera in Oslo en werkelijk alle minder en meer serieuze media over elkaar heen buitelden om haar outfit te bespreken. Wat was het geval? De kanselier droeg een donkerblauwe avondjapon met een bolero – geen ontwerp van Bettina Schoenbach overigens, maar van Anna von Griesheim, geboren in München, het epicentrum van het Oktoberfest, wat de snit zou kunnen verklaren. De japon was welhaast dirndl-esk royaal gedecolleteerd, waardoor er onder Merkels parelsnoer een landschap van twee roomwitte borsten zichtbaar was. Twee jaar eerder was Merkel al stiekem gefotografeerd terwijl ze haar badpak aantrok, tijdens een paasvakantie op het Italiaanse eiland Ischia, waarbij een deel van haar billen zichtbaar was. Het Britse *The Sun* plaatste die foto, het Duitse *Bild* deed dat ook, als enige Duitse blad, maar verduisterde daarbij wel Merkels gezicht. Wat opmerkelijk was: wezen ten tijde van de badpakkenfoto's nog alle vingers richting *The Sun*, want: dat doe je niet, zulke foto's maken en plaatsen, bij de foto's van Merkels decolleté regende het lollige en lulli-

Wat ook aandacht trok van mensen die verder keken dan de gekleurde jasjes alleen, was een zeker collier dat Merkel droeg tijdens een tv-debat in september 2013, met haar centrumlinkse rivaal Peer Steinbrück. Nu draagt Merkel elke dag wel een collier, van het onopvallende type: soms met kralen en een andere keer van barnsteen, edelstenen of edelmetalen. Niks mis mee, maar lafjes – zeker als je ze vergelijkt met de bonkige *statement necklaces* die Theresa May pleegt te dragen. Dat die ene ketting wél opviel, kwam door het simpele feit dat-ie van langwerpige onyx, gouden en schuimkoralen schakels gemaakt was. Zwart, geel en rood dus: de kleuren van de Duitse vlag. Omdat het debat met Steinbrück nogal langdradig was, maakte een kijker tijdens de uitzending een Twitteraccount aan namens die ketting, onder de naam @schlandkette, bargoens voor Deutschland Kette. In no time had het account duizenden volgers, die konden lezen dat de Duitslandketting zo kien was om op te merken dat-ie verkeerd gedragen werd, omdat zwart-geel-rood niet de kleurvolgorde van de Duitse vlag is, maar van de Belgische.

Andere argusogen richten zich graag op Merkels werktassen. Die zijn – net als de jasjes – altijd van dezelfde leverancier, hebben alle kleuren van de regenboog en zijn met zorg aangepast aan of juist olijk contrasterend met die blazers. Het merk is het niet zo heel spannende Franse Longchamp. Ook de modellen, de Pliage en sinds kort ook de Pénélope, zijn verstandig: zonder poespas en royaal, want er moeten dikke dossiermappen in passen. Én nog een hele flikkerse bende meer, want Merkel lijkt altijd wel iets kwijt te zijn in die ruime buidels. Waardoor er eindeloos veel persfoto's bestaan waarop ze (liefst naast de eveneens tasvorsende Ursula von der Leyen of Julia Klöckner) aan het graven is, in haar Pénélope. En er evenzoveel malicieuze cursiefjes verschijnen over Merkels volgeladen Mary Poppins-tassen.

Vraag is natuurlijk of je het ooit wél goed kunt doen, als vrouwelijk leider. Theresa May, gezegend met een eleganter figuur en een chiquere smaak dan Merkel, kreeg ooit de oren gewassen omdat ze te veel geld zou spenderen aan haar schoenen en kleren. Hillary Clinton heeft jarenlang moeten horen hoe slecht haar haar zat. De Britse historica en hoogleraar Mary Beard, zelf in het bezit van lang, kapselloos grijs haar en volstrekt niet geïnteresseerd in mode, zei daarover tegen Margaret Atwood die haar interviewde voor *Front Row Late* op BBC Two: 'Politiek is sowieso hel, maar ik denk dat het voor vrouwen dubbel hel is, want je moet niet alleen een standpunt hebben, maar ook een kapsel.'

De lijst met beschimpte vrouwelijke leiders is dientengevolge schier eindeloos. Thatcher werd geridiculiseerd om haar handtas en haar helmhaar, rechter Sonia Sotomayor van het Amerikaanse hooggerechtshof om haar rode nagellak. Nog bonter werd het in het Franse parlement: toen Cécile Duflot in 2012 in een blauwwitte doorknoopjurk verscheen werd er naar haar gefloten en gejoeld dat ze de jurk open moest knopen.

In 2011 publiceerde Robb Young, modejournalist voor onder meer *The Financial Times* en *The New York Times* het boek *Power Dressing: First Ladies, Women Politicians and Fashion*. In een interview met *Forbes* zei Young: 'Ik vind het reuze interessant hoe onflatteuze kleding zoals de Finse president Tarja Halonen en de Duitse kanselier Angela Merkel die dragen, een omgekeerd effect kan hebben op hun populariteit in bepaalde omstandigheden en culturen. Het bewijst dat er glamoureus of elegant uitzien voor sommige politici een voordeel kan zijn, terwijl het voor anderen juist weer gunstig kan uitpakken om er zedig, matrone-achtig of zelfs slonzig uit te zien.'

Wat de vraag doet rijzen: hoe zit dat met Merkel? Hebben die eentonige outfits haar geholpen of nadeel opgeleverd? Dat eerste, ongetwijfeld, gezien haar ellenlange ambtsperiode. Ze had al die jaren wel wat beters te doen, méér te *schaffen* dan na te denken over A-lijnen en V-neuzen. Daarbij: haar werkpak is deels uniform, deels identiteit. Welbeschouwd sluit haar kledingkeuze naadloos aan bij haar beleid. Het is een oefening in degelijkheid en consistentie. Haar *Jacken mit Hosen* stralen uit dat ze geen tijd verknoeit aan ijdeltuiterijtjes. Daar wordt in de salon van *Starfriseur* Udo Walz weleens over gemopperd. Merkel komt veel te weinig en trekt nooit langer dan een uur uit voor de onderhoudsbeurt, verklapte het personeel aan *Der Tagesspiegel*: '*Waschen, schneiden, tönen, föhnen, das muss im Schweinsgalopp gehen.*' In een radio-interview met ARD vertelde Merkel dat ze elke ochtend haar haar en make-up laat doen, en dat haar kapsel veertien uur in model blijft. Geen idee welke haarlak ze gebruikt, maar qua *ausdauer* doet-ie dan niet veel onder voor Merkel zelf.

Merkels gebrek aan ijdelheid en kapsones in combinatie met haar voorkeur voor eenvoud en helderheid zijn hoe dan ook een gouden melange gebleken. Ze laat zich niet intimideren of leiden door de mode, ze staat erboven. Ver erboven. Frappant genoeg wordt juist haar antimodegevoel geprezen tot in de meest onverwachte hoeken. In 2009 presenteerde de jubilerende fabrikant Mattel op de Spielwarenmesse in Nürnberg een heuse Merkel-Barbie, in een broekpak, met een ketting en een bob. En was het juist Merkel die de Duitse ontwerper Wolfgang Joop in 2006 inspireerde tot het maken van een collectie die op haar kledingstijl gebaseerd was – niet dat er daarna trouwens nog veel van Joop vernomen is.

Misschien, maar dat is speculeren, laat Merkel zich wel leiden door de woorden van haar landgenoot Albert

Einstein, die zei: 'Als mensen zich al schamen voor slonzige kleren en sjofele meubels, laat ons dan beschaamder zijn voor slonzige ideeën en sjofele filosofieën. Het zou een trieste boel zijn als de verpakking beter was dan het vlees dat erin zit.'

ZE HEEFT HAAR BEST GEDAAN

Margriet Brandsma

In de nacht van 25 juli 1979 vliegt een delegatie ambitieuze mannen van Caracas naar Santiago de Chile. Naarmate de reis vordert, smaakt de whisky naar meer en worden de verhalen driester en pikanter. Als het vliegtuig landt, zijn de mannen brak maar ook een verbond rijker: het Andespact. Ze hebben boven het Andesgebergte gezworen dat ze elkaars carrière nooit zullen dwarsbomen en dat ze gezamenlijk zullen optrekken in het Duitse politieke bedrijf. En o ja, vrouwen hebben niets in het verbond te zoeken en alle afspraken moeten geheim blijven. Ze zijn allemaal lid van Junge Union, de jongerenbeweging van de West-Duitse christendemocraten, de CDU. Het zijn, daarover bestaat geen twijfel, de potentiële toekomstige leiders van het land.

Angela Merkel is op dat moment bezig met een carrière als natuurkundige in de DDR. Ze is net afgestudeerd, getrouwd met Ulrich Merkel en naar Oost-Berlijn verhuisd. Merkel krijgt een baan aan de Academie voor Wetenschappen in het zuiden van de stad. Uit een autobiografie van een van haar collega's van destijds, Michael Schindhelm, blijkt wel dat het niet de spannendste jaren uit het leven van Angela Merkel zijn. Hij schrijft dat de tijd in het academiegebouw nog langzamer verstrijkt dan elders en dat de struiken in de omgeving de jaargetijden zijn vergeten. En Angela, Renate heet ze in het boek van Schindhelm, was een jonge wetenschapper zonder illusies: 'Ze promoveerde maar wat voor zich heen.'

Ruim twintig jaar later kruisen de wegen van het Andespact en Angela Merkel elkaar. De Muur is gevallen, Duitsland is herenigd en Merkel heeft de wetenschap ingeruild voor de politiek. Ze is bijna acht jaar minister geweest en is op dat moment voorzitter van de CDU. Merkel wil als kanselierskandidaat van haar partij de naderende verkiezingen in, maar krijgt er lucht van dat de mannenbroeders van het Andespact haar kandidatuur zullen dwarsbomen. Ze ziet in dat ze de strijd gaat verliezen en trekt het initiatief naar zich toe. Merkel biedt haar rivaal, Edmund Stoiber, uit zichzelf de functie aan en voorkomt daarmee een coup van het Andespact.

De vrouw mag de kastanjes uit het vuur halen

Angela Merkel en mannen, je zou er een boek over kunnen schrijven. Hoe is het in vredesnaam mogelijk dat zij, een Oost-Duitse domineesdochter, een vrouw vooral, het schopte tot de hoogste positie in een (West-Duits) mannenbolwerk bij uitstek, de CDU? Een partij waarin lang de opvatting heerste dat een man met een vrouw die buitenshuis werkt wel een links-radicaal moet zijn? Heeft Merkel dat voor elkaar gekregen puur vanwege haar intelligentie en politiek inzicht? Het antwoord op die vraag is *jein*, 'ja' en 'nein'. Natuurlijk heeft ze veel te danken aan haar kwaliteiten, maar dat ze leider van de CDU kon worden, was ook omdat de partij een chef nodig had toen het heel erg slecht ging met de christendemocraten. De carrière van Merkel leert dat mannen in zo'n geval graag de eer aan een vrouw laten. Dat zag ze zelf ook in. Toen ze als kersverse partijvoorzitter een bezoek bracht aan IBM in Stuttgart en vrouwelijke managers klaagden over het glazen plafond, zei ze: 'Misschien moet IBM eerst in een echt grote crisis terechtkomen voordat een vrouw de leiding mag overnemen.' Profetische woorden. In 2011 kwam IBM in een crisis terecht en werd een vrouw de chef van het concern in Duitsland.

Nee, dat Merkel in 2000 partijvoorzitter werd, was niet omdat de CDU van mening was dat het tijd werd voor een vrouw. Voor een gescheiden vrouw nog wel (het huwelijk met Ulrich Merkel hield maar een paar jaar stand), een Oost-Duitse bovendien met een wonderlijk kapsel en dito kleding. Zo was het zeker niet. Dat de leden van het Andespact de eer aan Merkel lieten, was omdat de CDU op dat moment als gevolg van een smeergeldaffaire in zwaar weer was beland. De mannen schoven hun eigen ambities om verschillende redenen even opzij. Ze waren zelf betrokken bij het smeergeldschandaal of wilden geen vuile handen maken bij het schoonmaken van de zwijnenstal die de partij op dat moment was. Ze hadden iemand nodig die de kar uit de modder zou trekken en die daarna weer gemakkelijk aan de kant te schuiven was. 'En dus zeiden de kroonprinsen van Helmut Kohl dat het meisje uit het Oosten het wel mocht doen. In ieder geval totdat het ergste voorbij was en zij het weer konden overnemen,' analyseert Evelyn Roll, een Duitse biograaf van Merkel.

Feminist?

Intussen weten we dat Merkel zich niet zomaar opzij laat schuiven, integendeel. Ze heeft een reputatie opgebouwd als mannenverslinder, waarbij voor het gemak even vergeten wordt dat ze op haar weg naar de top alleen maar mannen tegenkwam. Een man maakt carrière, Merkel is een haaibaai.

Is ze daarbij een voorvechter van de vrouwenzaak? Als je in de entourage van de bondskanselier rondkijkt, zou je het haast denken. *Girls Camp* wordt die wel genoemd. Om te beginnen is er 'schaduwkanselier' Beate Baumann, de *Büroleiterin*, de chef van Merkels staf. Interviews geeft ze nooit, maar het is algemeen bekend dat Merkel weinig tot niets doet zonder medeweten, c.q. toestemming van Baumann. Ze vergezelt Merkel al sinds 1992. Vriendinnen zijn ze nooit geworden; Baumann kan volgens ingewijden flink tekeergaan tegen haar baas, waarbij de dames, typisch Duits, elkaar wel met *Sie*, met u, blijven aanspreken.

Naast Baumann is ook Eva Christiansen een vertrouweling van Merkel. Christiansen was jarenlang de media-adviseur van de kanselier. Ze legde vast hoe Merkel belicht moet worden tijdens televisie-interviews, bepaalde welk medium de kanselier wel en niet te woord stond en had het laatste woord over de jurk die Merkel moest aantrekken als ze naar de Wagner-Festspiele in Bayreuth ging. Ze was, aldus de *Süddeutsche Zeitung*, verantwoordelijk voor de look-and-feel van de kanselier. In 2018 maakte Merkel Christiansen chef van een nieuwe afdeling in haar kanselarij: die voor politieke planning, innovatie en digitalisering.

Merkels vrouw-zijn en haar eventuele feministische inborst zijn onderwerpen die in elk interview steevast terugkomen. Met de vraag hoe het is om als (eerste) vrouw de positie van bondskanselier te bekleden, is ze snel klaar. Daarop antwoordt Merkel dat ze niet weet hoe het is om man te zijn en dat ze de vraag dus niet kan beantwoorden. Als wordt doorgevraagd of ze inziet dat ze voor veel vrouwen een voorbeeld is, zegt ze: 'Ik ben niet alleen de bondskanselier van de Duitse vrouwen maar van alle mensen in dit land. Maar ja, als ik iets zeg of doe, zeg of doe ik dat nu eenmaal als vrouw. Want ik ben een vrouw.'

Of Merkel een feminist is, kwam onder meer ter sprake tijdens een forumgesprek met Ivanka Trump, Christine Lagarde en koningin Máxima op de G20-vrouwentop in 2017. Tijdens het gesprek haperde ze: 'Eerlijk gezegd wil ik... nou ja, de geschiedenis van het feminisme is er een die raakvlakken heeft met die van mij, maar er zijn ook grote verschillen.' Veel explicieter werd ze niet. De vingers van Ivanka, Christine en Máxima gingen de lucht in toen werd gevraagd wie zichzelf een feminist noemt, die van Merkel niet. Voor Merkel is een feminist iemand die op de barricaden heeft gestaan en dat heeft zij nooit gedaan. En ze wil niet pronken met andermans veren, voegt ze er steevast aan toe.

Als de Oost-Duitse journaliste en auteur Jana Hensel twee jaar later namens het weekblad *Die Zeit* bij de kanselier op bezoek is en ook zij het onderwerp feminisme aanstipt, herhaalt Merkel bijna letterlijk haar woorden van 2017. Wel voegt ze eraan toe dat ze gelijkheid, gelijkwaardigheid op alle terreinen gewoonweg logisch vindt en zou willen dat ze dat niet voortdurend hoeft te benadrukken. Hensel reageert enthousiast, noemt het een geweldige ontwikkeling dat Merkel het begrip gelijkwaardigheid in dit kader zelfbewust en haast vanzelfsprekend gebruikt. Dat maakt haar toch een feminist? Merkel: 'Op de G20-vrouwentop heeft de Nederlandse koningin Máxima een definitie voor feminisme gevonden waar ik me in kan vinden. Voor haar is het feminisme als je voor gelijke levenskansen voor mannen en vrouwen bent.'

Dat is Merkel, zo is ze altijd geweest, want het is haar

thuis met de paplepel ingegoten, vooral door haar moeder. Haar Oost-Duitse verleden heeft er, in tegenstelling tot wat vaak wordt beweerd, weinig mee te maken. Op papier waren mannen en vrouwen in dat land gelijk, maar de praktijk zag er anders uit. Ook in de socialistische heilstaat zaten geen vrouwen in de top van de partij, was er geen vrouwelijke chef van een onderneming of grote boerderij te vinden. Merkel: 'Het was in dat land vanzelfsprekend dat je werk en familie combineerde. Maar als je achter de schermen keek, had je snel in de gaten dat de opvoeding van kinderen en het huishoudelijk werk vooral een zaak van de vrouwen was. In dat opzicht was de DDR echt geen voorbeeld van hoe het zou moeten.' Merkel had een mooie jeugd, benadrukt ze altijd, het was alleen wel jammer dat ze die in de DDR moest doorbrengen en dat het tot haar vijfendertigste heeft geduurd voordat het land van de kaart werd geveegd.

Dunkeldeutschland, Merkiavellismus en aardappelsoep

Na haar jaren in Dunkeldeutschland, zoals de DDR wel spottend wordt genoemd, maakte Merkel dus stormachtig carrière in het herenigde Duitsland. Van een nobody in 1990 tot, vijftien jaar later, de eerste vrouwelijke, de eerste Oost-Duitse en de jongste bondskanselier ooit, het is nogal wat. En als ze het volhoudt tot 2021 zoals de bedoeling is, evenaart ze het record van Helmut Kohl: zestien jaar bondskanselier. Ze kan haar politieke leermeester zelfs in aantal regeerdagen overtreffen als de formatie na de verkiezingen van 2021 veel tijd in beslag neemt. Intussen zijn er tientallen boeken over Merkel verschenen. De eerste zag het licht een jaar voordat ze bondskanselier werd. Daarin zegt Merkel al waar het wat haar betreft op aankomt als je het in de politiek lang wilt volhouden: op *Authentizität*, op echtheid. Je niet anders voordoen dan je bent, het zou het levensmotto van Angela Merkel kunnen zijn. Biografe Evelyn Roll: 'Het meest verbluffende aan Merkel is hoe normaal ze is gebleven. Geen poespas, altijd geïnteresseerd in degene die tegenover haar zit.'

Roll vertelt uit eigen ervaring dat je niet hoeft te wachten als je een afspraak hebt met Merkel. Vaak opent ze zelf de deur van haar kantoor op de zevende verdieping van de kanselarij en nodigt ze je uit om aan de smalle vergadertafel te gaan zitten, niet aan het pompeuze bureau dat haar voorganger Gerhard Schröder achterliet. Merkel en Schröder, groter kunnen de verschillen tussen mensen haast niet zijn. Hij de macho, de basta-kanselier, zij de gewone, bijna onopvallende kanselier met een regeerstijl die de Duitse socioloog Ulrich Beck 'Merkiavellismus' heeft gedoopt. Het staat voor haar neiging tot afwachten, tot voorzitten en onderhandelen, tot consensus zoeken. Liever een keer te veel met Poetin bellen dan te weinig, liever tot in het ochtendgloren onderhandelen dan met lege handen uit elkaar gaan. Merkel houdt van de macht en dat geeft ze ruiterlijk toe. Daar is niets mis mee; ze regeert liever dan dat ze in de oppositie op haar handen zit. Toch komt ze niet over als machtspoliticus à la Kohl en Schröder. Ze hangt het niet aan de grote klok als ze iets heeft bereikt of iemand heeft verslagen. Het is haar grote verdienste, zegt Evelyn Roll, dat ze kan zegevieren zonder zichzelf op de borst te slaan. Merkel kan mensen laten verliezen zonder dat ze gezichtsverlies lijden en dat is een groot talent.

Over zichzelf praat Merkel niet graag en als ze het wel doet is het altijd functioneel, lees: dan is het campagnetijd. Dan wil ze weleens iets persoonlijks vertellen in de wetenschap dat de potentiële kiezer dat op prijs stelt. Dat ze heel veel sms't bijvoorbeeld, de *short message service* wordt in Duitsland daarom wel *short Merkel service* genoemd. Dat ze van klassieke muziek houdt, maar in de keuken ('ik kook graag') ook vaak volksliedjes zingt. Ze houdt van döner kebab (zonder saus) maar haar lievelingsgerecht is aardappelsoep ('aardappels niet pureren maar stampen'). Haar lievelingsfilm is de DDR-hit *Die Legende von Paul und Paula* (1973) maar ook *Out of Africa* staat hoog op haar lijstje, vooral omdat ze gek is op Robert Redford.

Merkel houdt van voetbal, de foto van een juichende kanselier na een doelpunt van het Duitse elftal is legendarisch. Net als trouwens die waarop te zien is dat ze zich glimlachend onderhoudt met half ontblote spelers in de kleedkamer. Zelf is Merkel niet sportief, ze is naar eigen zeggen een *Bewegungsidiot*. Als kind droomde ze ervan om kunstschaatser te worden terwijl ze op de evenwichtsbalk niet eens overeind kon blijven staan. Dat zegt veel over Angela Merkel; juist wat ze níét kan, fascineert haar. Ze was op school goed in alle vakken, alleen met natuurkunde had ze moeite. En wat ging ze studeren? Natuurkunde.

De achtste naoorlogse bondskanselier van Duitsland zal niet de geschiedenisboeken in gaan als de vrouw van de vergezichten. Wat dat betreft lijkt ze op een van haar voorgangers, op Helmut Schmidt die een soortgelijk verwijt kreeg en riposteerde dat je naar de dokter moet als je visioenen hebt. Merkel is een pragmaticus bij uitstek. Zowel binnen als buiten haar partij wordt vaak verzucht dat ze kleurloos is en dat ze nergens voor staat. Aanvoerder van een christendemocratische partij? CDU'ers van de oude stempel kijken bedenkelijk als het ter sprake komt. Een paar jaar geleden maakte ze het homohuwelijk mogelijk, conservatieve christendemocraten gruwen ervan. Merkel moet er persoonlijk trouwens ook weinig van hebben, maar omdat ze inzag dat een groot deel van de Duitse bevolking er niets op tegen heeft, zette ze het licht op groen. Ze is, zo verklaarde ze haar handelwijze, tenslotte bondskanselier voor het

Duitse volk en niet voor zichzelf. En dat betekent dat je weleens een persoonlijke overtuiging opzij moet zetten.

Merkel vindt zichzelf wel een overtuigd christendemocraat, sterker, de CDU is haar partij vanwege fundamentele principes. Die hebben allemaal te maken met de vraag wat een samenleving het individu toevertrouwt en waar de bescherming van de overheid begint. Daarom is ze naar de CDU gegaan, zegt ze, en niet naar de sociaaldemocraten. Die bieden sneller overheidsbescherming dan Merkel lief is, van haar mag de lat gerust iets hoger liggen.

Merkel zal wel in herinnering blijven als de vrouw die haar partij radicaal heeft veranderd. Omdat de samenleving seculariseert, is het in haar ogen logisch dat de CDU ook openstaat voor niet-christenen, voor moslims ook. Onder haar leiding gingen er opvattingen aan die in het Duitse christendemocratische DNA verankerd zitten. Merkel zette een punt achter de dienstplicht, achter kernenergie. Ze stemde in met embryonaal stamcelonderzoek en kreeg daarop het verwijt dat ze de partij leidt als een als christen vermomde natuurwetenschapper. Toch heeft de CDU samen met de Beierse zusterpartij CSU, alle gemopper ten spijt, onder haar leiding sinds 2005 geen landelijke verkiezing meer verloren en dat komt ook omdat ze de partij moderner en opener heeft gemaakt.

Crisiskanselier

Kijkend naar het kanselierschap van Angela Merkel kun je om één ding absoluut niet heen: om crises en de rol die ze heeft gespeeld bij de aanpak daarvan. Tijdens een interview werd haar eens gevraagd waar ze liever over wilde praten, over het leven van alledag of een crisissituatie. Merkel keek stoïcijns voor zich uit en zei: 'Ach, wat maakt het uit. Voor mij is dat meestal hetzelfde.'

Meer dan aan haar bemiddeling bij de binnenlandse schermutselingen zoals ruzies met coalitiepartners of botsingen met de vrienden van de CSU (ze heeft er vaker mee te maken gehad dan haar ongetwijfeld lief is), heeft Merkel haar statuur te danken aan de manier waarop ze internationale problemen te lijf ging. Niet lang na de ondergang van de Amerikaanse zakenbank Lehman Brothers in september 2008 bereikte de financiële crisis Duitsland. Om te voorkomen dat spaarders massaal hun geld van de bank zouden halen, verzekerde Merkel in een ingelaste televisie-uitzending dat niemand bang hoefde te zijn dat het spaargeld binnenkort niets meer waard zou zijn. Een belofte die, gezien de omvang van het bedrag waarvan sprake was, niet waar te maken viel, maar het stelde de Duitse spaarder gerust. En dan de eurocrisis waarbij het om niets minder dan de redding van de eurozone ging. Griekenland bleef binnenboord, vooral ook dankzij de inspanningen van Merkel.

De vluchtelingencrisis van 2015 heeft wel de zwaarste

wissel op haar kanselierschap getrokken. Aanvankelijk stond een meerderheid van de Duitsers welwillend tegenover de komst van honderdduizenden mensen uit crisisgebieden in met name het Midden-Oosten, maar gaandeweg rees twijfel of Duitsland het wel aankon, of de koers van de bondskanselier wel de juiste was. Het ging ten koste van de populariteit van Merkel die desondanks werd herkozen in 2017.

In haar laatste regeerperiode staat de klimaatcrisis hoog op de internationale agenda en lijkt het er af en toe op dat ook Merkel het thema heeft herontdekt. Het zou de cirkel mooi rond maken. Ze was ooit milieuminister in een kabinet van Kohl en in het begin van haar kanselierschap werd ze wel 'klimaatkanselier' genoemd, onder meer omdat ze zich liet fotograferen voor een smeltende gletsjer in Groenland. De kanselier Merkel van nu houdt de Duitsers voor dat de klimaatcrisis geen probleem is, maar juist een uitdaging. Het moet leiden tot technologische vernieuwing: een CO_2-heffing is niet zomaar een slome belastingverhoging, aldus Merkel recentelijk in het Duitse parlement, maar een mechanisme dat naar alle waarschijnlijkheid onderzoek en ontwikkeling in gang zet op terreinen waar we nu nog niet van kunnen dromen. Klimaatbescherming als kans om de modernisering van het land verder ter hand te nemen, luidt de boodschap.

Merkel zal het proces ongetwijfeld volgen, als geïnteresseerd natuurkundige en bondskanselier buiten dienst. De tijd om nog veel in gang te zetten is te kort, de politieke weerstand te groot. De eerlijkheid gebiedt ook te zeggen dat de Angela Merkel in haar laatste jaren als bondskanselier regelmatig een uitgebluste en vermoeide indruk maakt. Misschien is ze wel een paar jaar te lang doorgegaan, misschien is ze wel doodmoe en is dat de belangrijkste verklaring voor haar publieke trilaanvallen, wie zal het zeggen. Merkel zelf in ieder geval niet. Zoveel inkijk in haar privéleven staat ze niet toe.

Hopelijk heeft ze nog de energie om straks als ze is afgezwaaid te doen wat zij en haar man Joachim Sauer graag willen. Merkel heeft wel eens verklapt dat ze na hun pensioen als anoniem echtpaar door Amerika willen trekken, het land van haar dromen. Het land waar een krantenjongen miljonair kan worden, zoals Angela Dorothea Kasner zelf van schuchter Oost-Duits meisje van het platteland in de DDR opklom tot bondskanselier van het herenigde Duitsland.

Wat ze zelf vindt dat er over haar in de geschiedenisboeken moet staan? Merkel twijfelt, glimlacht besmuikt als ze het zegt: 'Ze heeft haar best gedaan.'

ZE WAS MUTTI ÉN MERKIAVELLI

Sophie Derkzen[1]

In de vroege zomer van 2015 ontving Angela Merkel de leiders van de machtigste landen ter wereld voor een G7-top in een kasteel in de Beierse Alpen. Op het groepsportret staat Merkel geflankeerd door acht mannen in een bloeiende alpenwei. We zien Barack Obama, François Hollande, David Cameron. Achter hen strekken de bergen zich uit, Merkels helblauwe jasje steekt fel af tegen het grijs van hun pakken.

Terwijl de collega-wereldleiders zelfbewust naar de camera zwaaien, kijkt Merkel peinzend in de verte. Haar handen heeft ze gevouwen tot een ruit. Die pose, ontstaan omdat ze zich geen houding wist te geven, groeide uit tot haar handelsmerk. Later dat jaar zou het Amerikaanse blad *Time* haar uitroepen tot 'kanselier van de vrije wereld': de bedachtzame leider van het politiek stabiele, economisch welvarende Duitsland, de onbetwiste aanvoerder van Europa.

---

1 *Een eerdere versie van dit artikel verscheen op 13 november 2018 op de website van* De Correspondent *onder de titel 'Ze was Mutti én Merkiavelli – maar wat eerst de kracht was van Angela Merkel, is nu haar achilleshiel'.*

In 2002 zag ik Merkel voor het eerst. Op een klein televisiescherm, op een zolderkamer van datzelfde Beierse kasteel. Ik werkte er als kamermeisje, *Putzfrau* om precies te zijn. Even daarvoor was ik met de overmoed van een achttienjarige naar Duitsland vertrokken. Ik was van plan geweest koffie te gaan zetten in een hip Berlijns café, maar door een speling van het lot – of gewoon een gebrek aan doortastendheid – met een dweil en een dirndl in dit Beierse kasteelhotel beland.

Op de zolderkamer die ik met drie Deense meisjes deelde, keken we in een halfslachtige poging onze woordenschat uit te breiden naar de krimi's van Tatort – en elke dag naar de *Tagesschau*. Merkel was begin dat jaar fractievoorzitter geworden van de Christlich Demokratische Union Deutschlands, de CDU. Als ze voor de camera's verscheen, leek ze niet op haar gemak. Eerder stuurs, verlegen. Ik vond het fascinerend, en ergens ook wel troostrijk: deze bedeesde, hoekige vrouw die allerlei mannen kennelijk het nakijken gaf. Zij zou de fractie van de machtige CDU gaan leiden?

In de decennia die volgden, zag ik Duitsland veranderen. Merkel bleef, net als mijn fascinatie voor haar. Een vrouw omringd door mannen, een baken van beschaving en stabiliteit in een almaar complexere, door ego's gedomineerde wereld: dat is het beeld dat ik lang van haar had.

Terwijl in de rest van Europa en Amerika het spierballenpopulisme steeds nadrukkelijker rondwaarde, hield zij stand. Voor progressieve kringen in Noord-Europa en de VS was Merkel de geruststellende aanvoerder van *Time*'s 'vrije wereld'. Maar hoe was dat voor de Duitsers zelf? Hoe langer ik in Duitsland werkte, hoe meer mensen ik ontmoette die er een heel ander, veel kritischer Merkel-beeld op na hielden. En hoe meer ik van Merkel wist, hoe ongrijpbaarder ze leek te worden.

Op die gammele Beierse televisie zag ik aan het begin van de eeuw hoe Merkel opklom in haar partij. Ze gold als underdog en werd lang onderschat. Helmut Kohl noemde Merkel, die hij in 1991 als minister van Vrouwen- en Jeugdzaken naar zijn kabinet haalde, zijn 'meisje'. Later zou hij verbitterd vaststellen dat zijn voormalige protegé uiteindelijk maar op één ding uit was: macht.

Toen Kohl in een schandaal over partijfinanciering verzeild raakte, schoof Merkel haar politieke vader onverbiddelijk opzij. De partij moest leren op eigen benen te staan en eigenstandig beslissingen te nemen. Had ze het hier misschien ook tegen zichzelf?

In de jaren daarop zou Merkel tal van partijbonzen vakkundig op een zijspoor rangeren. Ze liet Edmund Stoiber, de machtige voorman van de Beierse christendemocraten, voorgaan als kanselierskandidaat zodat zij na zijn verlies het roer kon overnemen. Veel concurrenten verlieten mokkend het toneel, sommigen bleven zinnen op wraak.

Soms hoefde Merkel alleen maar toe te kijken hoe haar mannelijke opponenten zichzelf uitschakelden. Beroemd voorbeeld is het televisiedebat na de verkiezingen van 2005, die waren geëindigd in een nek-aan-nekrace tussen Merkels CDU en de sociaaldemocratische SPD van Gerhard Schröder.

Tijdens dat debat riep Schröder zich min of meer uit tot winnaar en pochte hij dat hij sowieso kanselier zou blijven – het was laat op de avond, sommige kijkers dachten dat hij dronken was. Merkel zat stil in een hoekje, totdat ze hem in alle rust voorhield dat hij nog helemaal niet gewonnen had: de definitieve verkiezingsuitslagen waren immers nog niet binnen. Twee maanden later werd Merkel, de eerste Oost-Duitse partijvoorzitter van de CDU, de eerste vrouwelijke bondskanselier van Duitsland.

Merkel en haar partij leken altijd een zekere afstand tot elkaar te bewaren. Kohls 'meisje' mocht dan bondskanselier geworden zijn, de kritiek en twijfel vanuit de eigen gelederen hielden aan. Volgens Merkel-watchers was het alsof ze in de eerste jaren van haar kanselierschap voortdurend een openbaar inburgeringsexamen voor Oost-Duitse vrouwen moest afleggen.

Had ze als Oost-Duitse wel voldoende gevoel voor de door West-Duitse christendemocraten gedomineerde partij die ze aanvoerde, voor het herenigde land dat ze moest leiden? Vooral onder de conservatieve vleugel van de partij nam de frustratie over Merkel toe. Onder het motto van broodnodige modernisering sleepte ze thema's als het minimumloon, maar later bijvoorbeeld ook het homohuwelijk de partij binnen.

Zonder er al te veel woorden aan vuil te maken, schoof ze de CDU zo steeds verder op naar het midden. Het slimme van die veelbesproken strategie: ze kaapte de onderscheidende speerpunten weg van haar politieke concurrenten – en daarmee de noodzaak voor hún kiezers om überhaupt nog te gaan stemmen. De CDU onder Merkel werd tegelijk toonbeeld van en toevluchtsoord voor het 'redelijke midden'.

In 2013 werkte ik als gastredacteur bij de Duitse krant *Die Zeit*. Daar had de chef van de politieke redactie, Bernd Ulrich, er een sport van gemaakt om de bedoelde én onbedoelde effecten van Merkels tactiek bloot te leggen. Hij wees er al vroeg op dat Merkel met haar aanpak het ooit zo trots-conservatieve deel van de CDU steeds verder van zich vervreemdde.

Het punt was: zolang Merkel verkiezingszeges boekte en haar populariteit bleef stijgen, hadden de boze partijgenoten weinig poten om op te staan. De onvrede broeide onder het oppervlak. Merkel intussen bleef haar onverstoorbare zelf.

‘U kent mij toch,’ zei Merkel in 2013 in een tv-uitzending voorafgaand aan de verkiezingen tegen de kijkers. Het was haar ultieme argument om hen te verleiden op haar te stemmen. Ik volgde de campagne vanuit Hamburg en weer werd het raadsel Merkel groter.

U kent mij: dat was het motto waarop haar hele verkiezingscampagne gebouwd was. Maar wat haar bewoog, naar welk Duitsland ze precies op weg was, leek intussen niemand te weten. ‘De ene keer ben ik liberaal, dan weer conservatief, dan weer christelijk-sociaal,’ had Merkel zich eens laten ontvallen bij Anne Will, de talkshow die ze vaker uitkoos als ze zich door politiek tumult gedwongen zag iets van haar persoonlijke motieven te laten zien.

Het denigrerende ‘Mutti’ van haar tegenstrevers boog Merkels campagneteam intussen handig om tot het beeld van een geruststellend gewoon gebleven moeder des vaderlands. Vanaf de billboards blikte ze betrouwbaar in de camera. Ze suste de Duitsers in slaap onder een deken van voorspoed en voorspelbaarheid, zouden vriend en vijand later vaststellen.

Haar glimlach is wel vergeleken met die van Mona Lisa, haar ongrijpbaarheid geduid als een erfenis van haar opgroeien onder een totalitair regime. Wat er werkelijk in Merkel omgaat, deelt ze volgens haar biografen alleen met een kleine kring intimi.

Het fascinerende was: de methode Merkel werkte. De kanselier die zich niet liet kennen, positioneerde zichzelf vóór alles als een onontkoombaar en vertrouwd gezicht. Een diplomaat verzuchtte eens dat wat mensen niet wisten over haar ideeën, werd gecompenseerd door wat ze dáchten te weten over haar karakter.

Echte politieke macht is onzichtbaar, wist Machiavelli. Volgens de Duitse socioloog Ulrich Beck had juist Merkel dat uitstekend begrepen. 'Merkiavelli', zo typeerde Beck haar politieke strategie: door te aarzelen houdt ze anderen aan het lijntje. Merkel neemt lange tijd geen positie in, vragen op persconferenties beantwoordt ze steevast met iets wat neerkomt op 'jein', de Duitse samentrekking van 'ja' en 'nein'. Voor ze beslist, denkt Merkel de consequenties van ieder mogelijk scenario tot in den treure door.

Merkels stijl van politiek bedrijven is vaak geduid vanuit haar achtergrond in de natuurkunde: in haar benadering van problemen zou ze altijd een wetenschapper zijn gebleven. Maar recentelijk karakteriseerden politicologen Merkel vooral als ambtenaar-in-chief, of sterker: als technocraat.

Volgens Princeton-professor Jan-Werner Müller zagen de Duitsers Merkel lange tijd als iemand die zich onthield van ideologische vergezichten maar zich vooral pragmatisch opstelde. Zo kon ze uitgroeien tot een leider die boven de partijen leek te staan en haar handen vrijhield om in iedere situatie simpelweg de meest redelijke, verstandige koers te kiezen – ook als dat een uiterst onverwachte wending betekende. Hij wees daarbij bijvoorbeeld op Merkels abrupte afscheid van de Duitse kernenergie na de reactorramp in Fukushima, de 'Energiewende' (waarvan inmiddels overigens wordt betwijfeld of dat wel zo'n goed idee van Merkel was).

Wat hielp: economisch gezien had Merkel het tij mee – anders dan haar voorganger Schröder, die omstreden sociale en arbeidsmarkthervormingen doorvoerde om Duitsland begin deze eeuw uit de malaise te trekken.

Door haar optreden als crisismanager in Europa werden haar macht en aanzien alleen maar groter. Tijdens de financiële en latere eurocrisis claimde Merkel dat er 'geen alternatief' was voor de ingezette koers. De euro moest gered, anders zou Europa mislukken.

Juist het argument dat haar politiek 'alternativlos' was en haar visie daarmee impliciet de enige juiste, degradeerde wie anders dacht vrijwel onmiddellijk tot het kamp van de onredelijken. Verstandige Duitsers waren per definitie voorstander van Europese integratie, daar kwam het op neer.

Technocratie plaveit de weg naar populisme, aldus politicoloog Müller in zijn analyse van Merkel voor *Foreign Policy* uit 2018. Hij wees erop dat de partij die in 2013 werd opgericht uit frustratie over Merkels beleid niet toevallig 'Alternative für Deutschland' heet. Terwijl de links-liberale buitenwacht haar erom bewonderde, leidde Merkels politiek van vermeende 'verstandigheid' er volgens Müller vooral toe dat de Duitse samenleving hevig verdeeld raakte.

In de nazomer van 2015 nam Merkel een ingrijpende beslissing die ze wederom als '*alternativlos*' bestempelde, als moreel de enige juiste. Haar 'Wir schaffen das' klonk pragmatisch: 'Ons is zó veel gelukt, ook deze klus klaren we,' hield ze haar landgenoten voor. Maar dit keer raakte haar besluit aan zo'n gevoelig thema en waren de gevolgen zo verstrekkend dat ze er bij steeds meer Duitsers niet mee wegkwam.

Een paar maanden na die roerige zomer hoorde ik hoe ze haar achterban toesprak. De Duitse christendemocraten hadden zich verzameld in een tochtige hal in Karlsruhe. Het was het eerste congres sinds haar 'welkomstgebaar', de partij was diep verdeeld geraakt over de aanpak van het migratievraagstuk.

De nieuwe concurrent op rechts, de AfD, vóór de zomer nog weggezakt in de peilingen, was met felle kritiek op Merkels beslissing in één keer terug op het politieke toneel. De CSU, de Beierse zusterpartij van Merkels christendemocraten, had al gedreigd uit de regeringscoalitie te stappen. En intussen eisten ook steeds meer critici in eigen huis een onmiddellijk einde aan de 'ongecontroleerde asielinstroom'.

Ik herinner me hoe er een ijzingwekkende stilte neerdaalde toen Merkel achter het spreekgestoelte plaatsnam. Ze nam een slok water, greep met beide handen het katheder, lachte haar raadselachtige glimlach. Toen stelde ze droogjes vast dat 2015 een ongelooflijk jaar was geweest. Ze beschreef de nacht van 4 op 5 september, waarin duizenden vluchtelingen vanuit Boedapest over de snelweg naar Oostenrijk en Duitsland trokken. 'Het was een situatie die onze Europese waarden zoals zelden daarvoor op de proef stelde,' zei Merkel.

In de zeventig minuten die volgden, hamerde ze op de verantwoordelijkheid die juist Duitsland, met oog op de eigen welvaart én de eigen geschiedenis, in het migratievraagstuk te nemen had. Achteraf spraken media van misschien wel de belangrijkste speech van Merkels kanselierschap.

Wat me vooral is bijgebleven: hoe Merkel haar partijgenoten *unverfroren* voorhield dat ze zich om meer dan hun eigen sores moesten bekommeren. En hoe ze de zwaarte van de Duitse geschiedenis inzette om hen van die plicht te doordringen. Ik was onder de indruk, en ik was niet de enige. Ze kreeg een minutenlange staande ovatie. Het leek wel alsof de christendemocraten opgelucht waren dat 'Mutti' opnieuw zo onverzettelijk de leiding nam. De partij schaarde zich – voor dat moment – weer achter haar.

Precies een jaar later, dit keer in een al even tochtige hal in Stuttgart, zag ik hoe Merkel tegenover een nog kritischer congres stond. Sinds de roerige oudejaarsnacht in Keulen kleefde het in Duitsland geduchte begrip van 'controleverlies' haar aan. Vlak voor het partijcongres had Merkel bekendgemaakt 'na lang nadenken nog één keer beschikbaar te zijn als bondskanselier'. Ze vroeg haar partijgenoten ogenschijnlijk deemoedig om steun.

Ze verscherpte haar toon om de conservatieve vleugel tevreden te stellen (Merkel pleitte voor een boerkaverbod), maar uiteindelijk hield ze voet bij stuk: de CDU moest een partij van het midden blijven. De traditionele staande ovatie klonk sleets en was korter dan anders.

Op de laatste dag van het congres in Stuttgart stond Jens Spahn op, een van Merkels meest ambitieuze critici binnen de CDU. In een opzwepende toespraak riep hij de christendemocraten op om voor een motie te stemmen die de dubbele nationaliteit zou afschaffen. In een tijd waarin de wereld almaar complexer lijkt te worden, hebben mensen behoefte aan troost en *Heimat*, zou hij later zeggen. Het was een duidelijk statement tegen Merkels hameren op Europese waarden.

Dat meer en meer teleurgestelde CDU-kiezers hun heil bij de AfD zochten, leidde tot grote onrust bij de conservatieve vleugel. In haar speech besteedde Merkel echter geen enkele aandacht aan de AfD, ze zei alleen: 'Wie het volk is, bepaalt bij ons nog altijd het héle volk. En niet een klein groepje, al is dat nog zo luidruchtig.'

'Wij zijn het volk': dat was de leus waarmee woedende

aanhangers van Pegida en AfD in die dagen door de straten van Dresden trokken. In de herfst die volgde op de 'vluchtelingenzomer' liepen betogers met een galg voor 'Mutti Merkel' door de stad. Bij haar campagnebezoeken voorafgaand aan de Bondsdagverkiezingen van 2017 werd ze vooral in het oosten van Duitsland opgewacht door woedende spreekkoren. De ontgoocheling en teleurstelling over Merkel zijn er groot. De Oost-Duitsers voelen zich door haar in de steek gelaten, niet serieus genomen. Bij de Bondsdagverkiezingen in september 2017 werd de AfD in vijf deelstaten in het oosten de op een na sterkste partij en in Saksen – met 27 procent van de stemmen – zelfs de grootste.

In de zomer van 2018 reisde ik voor een reportage door Beieren, de deelstaat waar de CSU van oudsher oppermachtig was en waar het verzet tegen Merkel in eigen kring ontvlamde. Steen des aanstoots was Merkels beslissing in die septembernacht voorafgaand aan haar 'Wir schaffen das'. Naar verluidt had ze de Beierse minister-president Horst Seehofer niet kunnen bereiken en moest hij de volgende morgen in een sms'je lezen dat er duizenden mensen over de grens 'zijn' deelstaat binnenkwamen.

Vanaf dat moment uitte de CSU vrijwel dagelijks kritiek op Merkels aanpak en eiste de partij voortdurend op hoge toon 'sturing en begrenzing van de immigrantenstroom'. Weer leek het een meesterzet van Merkel: ze maakte Seehofer in haar vierde kabinet als minister van Binnenlandse Zaken verantwoordelijk voor het asielbeleid waar hij zelf zoveel kritiek op had.

Het pakte anders uit. Seehofer bleef voortdurend de confrontatie zoeken en Merkels regering sleepte zich van de ene rel naar de andere.

Op een warme augustusdag stapte ik uit op het verlaten stationnetje van Töging am Inn, diep in het Beierse achterland. In een stampvolle biertent aan de rand van het dorp zaten zeker tweehonderd CSU-aanhangers aan lange houten tafels. Vrouwen in dirndls en mannen in lederhosen brachten er grote pullen bier en brezels rond.

Hoofdact van de avond: der Seehofer. Enthousiast handenschuddend besteeg het boegbeeld van het conservatieve deel van Zuid-Duitsland het toneel. 'Hier staat hij dan voor u, de kwade Seehofer, de racist, de terrorist,' riep hij.

Seehofer beschreef hoe hij door de linkse pers werd weggezet, sprak over 'fake news'. Terwijl hij er toch alleen maar op uit was om aan de grens 'orde en recht' te herstellen. Criminele asielzoekers moesten uitgezet worden. 'Duitsland, en Beieren al helemaal, is gevormd door het christendom en niet door de islam.'

Eén naam noemde hij niet tijdens zijn biertent-rede:

die van Merkel. Maar het was duidelijk dat Seehofer zich lijnrecht tegenover haar positioneerde. Zijn partij voelde de hete adem van de AfD in de nek en had in een wanhopige poging haar kiezers te behouden besloten de retoriek van die partij over te nemen. Die strategie mislukte: bij de deelstaatverkiezingen twee maanden later zou de CSU een historisch verlies lijden, wat Seehofer uiteindelijk deed besluiten op te stappen als partijvoorzitter.

Na Töging am Inn reisde ik verder naar het zuiden. De trein slingerde omhoog, de bergen in. Schloss Elmau, het kasteel waar Merkel in 2015 de wereldleiders ontving en waar ik kortstondig kamermeisje was, bleek grondig gerenoveerd.

Werkstudenten waren er niet meer, het kasteel was omgetoverd tot een vijfsterrenresort waar het vermogende deel van Duitsland en de rest van de wereld vakantie vierde. De eigenaar en kasteelheer, een nazaat van de filosoof die het hotel ooit oprichtte, vertelde tevreden hoe hij luxe en intellect als concept combineert.

Uit een zaaltje stroomden hotelgasten in onberispelijke poloshirts. Ze hadden net een besloten lezing achter de kiezen van een Duitse topdiplomaat over de toekomst van Duitsland in de NAVO en de EU. Ik hoorde twee passerende Amerikaanse dames verzuchten hoe ongelooflijk die 'Mrs. Merkel' toch was.

Ik vroeg of ik nog even op de zolder mocht kijken. De

studentenkamers bleken verdwenen, maar het uitzicht was nog hetzelfde. Vanuit het raampje lag de alpenwei er glooiend bij, de wereld leek volmaakt in orde. De hotelgasten spraken liefkozend over een laatste stukje *Heile Welt*.

Ik bekeek de verzamelde happy few en realiseerde me: zij kunnen het zich veroorloven om zich uit de weerbarstige werkelijkheid terug te trekken. En Merkel mag dan het projectiescherm voor al het ongenoegen van boos, rechts, conservatief Duitsland zijn, het links-liberale establishment gebruikt haar net zo gretig om het idee te koesteren dat zij het gelijk aan hun kant hebben.

Intussen loopt het tijdperk Merkel onverbiddelijk ten einde. Ze gaf je het gevoel dat er iemand 'in control' was, iemand op wie je kon rekenen, verzuchtte de directeur van een progressieve Amerikaanse denktank na Merkels aftreden als partijvoorzitter. Het leek of zich nu al een zekere weemoed van het zelfbenoemde redelijke midden meester maakte.

Ook ik koesterde Merkel als toonbeeld van rust en redelijkheid. En tegelijkertijd zag ik steeds duidelijker hoe ze door die opstelling het debat over haar koers uit de weg ging, hoe ze daarmee delen van het electoraat van zich vervreemdde.

Haar optreden heeft Duitsland en Europa verder verdeeld, klinkt het inmiddels in de commentaren. En toch vraag ik me af: hoe was het zonder Merkel gegaan? Hoe was het met de polarisatie gesteld als niet een bedachtzame, volstrekt onopgesmukte vrouw de leiding had gehad, maar een figuur met meer van het gebruikelijke machismo?

Binnenkort zal het Duitsland zonder Merkel zich aftekenen. Na al die jaren onder 'Mutti' lijkt de conservatieve vleugel vastbesloten zich te revancheren.

Ik kan me er nog weinig bij voorstellen. Het is alsof je al jaren een televisieserie volgt waaruit het hoofdpersonage ineens verdwijnt. Ze was er altijd, ook als je eigenlijk niet wist naar wie je keek. Zeker is wel dat anderen niet langer hun hoop en vrees op Merkel zullen kunnen projecteren. Zij zal zich straks terugtrekken, misschien wel op een Beierse alp.

Merkel houdt van de bergen. Legendarisch zijn de vakantiefoto's met haar man in Zuid-Tirol die steeds opnieuw opduiken: ieder jaar in hetzelfde kaki-bergtenue, ieder jaar in dezelfde kabelbaan. De aftiteling loopt al. Langzaam verdwijnt het liftje in de mist.

EEN VROUW DIE NET ZO GOED EEN MAN HAD KUNNEN ZIJN

Wilma de Rek

Op 18 juni 2019 begon Angela Merkel te trillen. Ze droeg een lichtroze jasje en stond naast president Volodymyr Zelensky van Oekraïne, het Duitse volkslied was net ingezet. Het was duidelijk geen ontroering, dat hele volkslied komt Merkel natuurlijk allang de strot uit, het was iets geheimzinnigers, en het werd steeds erger. Om de paar seconden zochten Merkels handen – normaal zo ferm in ruitvorm voor de borst geplant – elkaar paniekerig op. Die machteloos fladderende handen getuigden in stilte van de hevige strijd die zich in het binnenste van Angela Merkel afspeelde: het lichaam was aan het muiten geslagen, de geest probeerde het terug zijn hok in te slaan. Terwijl Volodymyr Zelensky stoïcijns voor zich uit bleef kijken, vocht Merkel met haar kaken op elkaar geklemd tegen zichzelf, een heel volkslied lang. Het was een huiveringwekkend schouwspel.

Op het moment dat ik het zag, realiseerde ik me hoe dol ik op Angela Merkel ben. Op het béëld dat ik van Angela Merkel heb, want ik ken haar natuurlijk niet persoonlijk, ik heb me nooit speciaal in haar verdiept en ik kom zelden in Duitsland. Maar ik ben dol op Angela Merkel. En ik raakte een beetje in paniek. Niet trillen Angela, wilde ik roepen, dat past helemaal niet bij jou, straks val je nog om en dat mag niet want we hebben je veel te hard nodig. De afgelopen jaren zagen we de ene malloot na de andere de macht grijpen: Trump, Poetin, Erdogan, Bolsonaro, Orbán, Johnson. Merkel staat als nuchter contrapunt tegenover die opgepompte wereldleiders, ze is de buffer tussen ons en de waanzin; als de nood aan de man komt, zal zij ons redden.

Maar dan moet ze natuurlijk niet gaan trillen.

Wij zijn Angela, heet dit boek. In werkelijkheid zijn wij natuurlijk geen van allen Angela, we komen zelfs niet ook maar een béétje in haar buurt. *God, wat zouden we ontzettend graag Angela zijn* is misschien een betere titel maar die klopt ook niet; ik zou er zelf bijvoorbeeld niet aan moeten denken Angela te zijn en elke dag zo'n enorm land op koers te moeten houden.

Wij bewonderen Angela, dat is het. Ik wel althans. Vrouwen zijn niet zulke dwepers, in tegenstelling tot mannen, die ontzettend sentimenteel kunnen doen over popidolen, sporthelden van vroeger of een bepaald speelgoedtreintje. Wij doen dat tot ons dertiende, daarna is het over. Maar als het om Merkel gaat, word ik toch een beetje dweperig, hoewel ze zeker niet heilig is en ook stomme dingen doet – tegen het homohuwelijk stemmen bijvoorbeeld, gek wijf.

Als ik een rolmodel moest kiezen, was het Merkel. Vanwege haar intelligentie en onverschrokkenheid. Omdat ze zo'n baken van verstandigheid is. Omdat ze als kind niet van de hoge duikplank durfde. Omdat ze wars is van aanstellerij. Omdat ze promoveerde in de natuurkunde. Omdat ze zulke enorm saaie speeches durft te geven. Omdat ze overal kan slapen. Omdat ze weet dat je aardappelen moet stampen (en dus niet mixen). Omdat ze Russisch spreekt. Omdat ze de aarde probeert te redden. Omdat ze de grenzen van haar land opengooide toen dat nodig was, en de enorme hoon die haar vervolgens overspoelde lankmoedig onderging. Omdat ze het van onbekende politica tot onbetwiste baas van Europa schopte. Omdat ze na de scheiding van haar eerste echtgenoot alleen de wasmachine meenam. Omdat ze weet wat onvrijheid is en dus veel beter dan wij verwende Nederlanders het belang van vrijheid kent. Omdat blauw haar lievelingskleur is. Omdat ze niet bang was zich via een brief in de *Frankfurter Allgemeine Zeitung* te ontdoen van haar mentor en beschermer Helmut Kohl, nadat was gebleken dat hij smeergeld had aangenomen. Omdat ze niet bang is voor Poetin. Omdat ze niet bang is voor Trump. Omdat ze bang is voor niemand.

En omdat ze een vrouw is?

Dat is natuurlijk de grote vraag. Ik zou er het liefst een ferm 'nee' op antwoorden, want hoewel het verschildenken de laatste jaren weer helemaal terug is, blijf ik hardnekkig geloven dat het in een ideale wereld niet uitmaakt of iemand helemaal vrouw is, helemaal man of iets ertussenin; helemaal homo, helemaal hetero of iets ertussenin; helemaal wit, helemaal zwart of iets ertussenin.

De meeste mensen zijn iets ergens tussenin. Iedereen die nu leeft, stamt af van een en hetzelfde lullige groepje homo sapiens dat twee- tot driehonderdduizend jaar geleden uit de Afrikaanse bomen sprong. We weten inmiddels dat ons DNA voor 99,9 procent overeenkomt; we zijn allemaal opgetrokken uit dezelfde bouwstoffen. Het is stupide dat we blijven hameren op de verschillen tussen mensen terwijl er zoveel meer overeenkomsten zijn (dat mannen met treintjes dwepen en vrouwen niet, valt binnen die 0,1 procent verschil).

Misschien is Merkel wel vooral mijn rolmodel omdat ze een vrouw is die net zo goed een man had kunnen zijn. Omdat ze het verschil opheft.

In 2010 schreef de Amerikaanse journaliste Hanna Rosin voor *The Atlantic* haar beroemd geworden essay *The End of Men and the Rise of Women*, later uitgewerkt tot een boek. Rosin vertelde dat het gedaan was met de man en dat het tijdperk van de vrouw ging aanbreken. Vrouwen vormden in 2010 in de VS de meerderheid van de beroepsbevolking, en dat had onder meer te maken met de economische crisis van 2008; van de miljoenen mensen die daarbij hun baan kwijtraakten, was het merendeel man. Vrouwen deden het eigenlijk in alle opzichten beter dan mannen. Ze zaten minder aan de drank & drugs, pleegden minder vaak zelfmoord, waren minder misdadig, presteerden beter op scholen én ze domineerden in groeiende beroepsgroepen als onderwijs en zorg. Rosin signaleerde opgetogen een 'enorme omkering in de machtsverhouding tussen mannen en vrouwen'.

Dat mannen de afgelopen eeuwen dominant waren en vrouwen ondergeschikt, had volgens Rosin niet zozeer te maken met hun biologische imperatieven, zoals vaak werd gedacht, maar vooral met hun sociale rollen – rollen die gedurende een lange periode in de geschiedenis van de mensheid efficiënt waren. Rosin: 'Wat als dat tijdperk nu ten einde is? Concreter, wat als de economie van het nieuwe tijdperk meer is toegesneden op vrouwen?' Want in de hedendaagse moderne samenlevingen zijn denken en communiceren, als sleutels tot economisch succes, belangrijker geworden dan fysieke kracht en uithoudingsvermogen.

Vooralsnog geeft de geschiedenis Rosin gelijk. Vrouwen veroveren de wereld. Jawel, we kregen Trump en Poetin en Erdogan en Bolsonaro, maar we kregen óók Christine Lagarde (voorzitter van de Europese Centrale Bank) en Ursula von der Leyen (voorzitter van de Europese Commissie). België kreeg Sophie Wilmès als premier, Oostenrijk Brigitte Bierlein, Noorwegen Erna

Solberg, IJsland Katrín Jakobsdóttir. Vrouwen rukken overal op en dat is goed, want ze waren veel te lang afwezig. Maar moet de opkomst van de vrouw meteen ook maar de ondergang van de man betekenen? Willen we een wereld die mensen blijft onderverdelen in groepen op basis van geslacht, kleur of geaardheid, en die vervolgens de ene groep dominant verklaart boven de andere? Als je opgetogen doet over 'het tijdperk van de vrouw', maak je dan niet dezelfde dommige denkfout als de mannen die eeuwenlang 'het tijdperk van de man' in stand hielden?

Angela Merkel is een van mijn rolmodellen. Mijn andere rolmodel is schrijver Marguerite Yourcenar, in België geboren (1903), in Frankrijk getogen en in Amerika overleden (1987). Marguerite Yourcenar was de eerste vrouw die toetrad tot de Académie Française, in 1980, naar aanleiding waarvan de Franse literatuurcriticus Matthieu Galey haar een aantal keren interviewde – de gesprekken zijn gebundeld in het mooie boekje *Les yeux ouverts* (1981). Ze spraken over van alles en ook over het feminisme en de verschillen tussen man en vrouw. De vermeende verschillen, liever gezegd, want Yourcenar was er kort over: 'Ik geloof dat een goede vrouw evenveel waard is als een goede man, en een intelligente vrouw evenveel als een intelligente man. Dat is een eenvoudige waarheid.'

Galey vroeg gelukkig nog even door, waarna Yourcenar haar visie op mannen en vrouwen ontvouwde die sindsdien ook de mijne is, of misschien was ze dat daarvoor ook al: ‘Er bestaan specifiek “vrouwelijke” eigenschappen, die de feministen schijnen te minachten, wat overigens niet betekent dat ze altijd het deel zijn geweest van alle vrouwen: zachtheid, goedheid, fijnzinnigheid, gevoeligheid, eigenschappen die zo belangrijk zijn dat een man die er niet tenminste een klein beetje van heeft, een bruut zou zijn en geen man. En er zijn zogenaamd “mannelijke” eigenschappen, wat niet betekent dat alle mannen die bezitten: moed, uithoudingsvermogen, fysieke energie, zelfbeheersing, en de vrouw die daar niet althans een beetje van heeft, is alleen maar een vaatdoek, om niet te zeggen een vod. Ik zou graag willen zien dat die elkaar aanvullende eigenschappen op gelijke wijze aan iedereen ten goede zouden komen.’

Waar Hanna Rosin mannen tegenover vrouwen zet, elke groep met zijn eigen rollen, onderscheidde Yourcenar vooral mannelijke en vrouwelijke *eigenschappen*. Veel interessanter.

In 2019 voerde ik een aantal gesprekken met oud-politicus en Rabobankier Herman Wijffels, voor het boek *De gulden snede*. Ook in die gesprekken ging het veel over de twee fundamentele krachten die werkzaam zijn in het universum en die in een voortdurend samenspel met elkaar alles in dat universum vormgeven. Volgens

Wijffels kon je de kracht die op groei en expansie is gericht 'masculien' noemen en de andere kracht, die op vormgeving, conservering en begrenzing is gericht, 'feminien'.

In de achterliggende eeuwen hebben de masculiene krachten overheerst; de mens is de aarde gaan ontginnen ten faveure van zichzelf. Er kwamen woningen met centrale verwarming en stromend water, er kwam onderwijs, machines namen het zware werk over. Maar in het kielzog van al die beschaving kwamen ook klimaatverandering, vervuiling, ontbossing. Volgens Herman Wijffels moeten de masculiene krachten vanaf nu dimmen en ruimte maken voor de feminiene, conserverende krachten. De aarde mag niet verder worden uitgeput maar moet worden verzorgd en gekoesterd, want zonder gezonde aarde is de mens verloren. Feminisering betekent dus niet dat vrouwen overal de boel moeten overnemen; mannen hebben net zo goed feminiene eigenschappen en/of kunnen die verder ontwikkelen.

Angela Merkel is dé verpersoonlijking van feminiene kracht. Ze is conservatief in de goede betekenis van het woord: dingen willen bewaren, koesteren, zuinig zijn op wat we hebben. Ze is niet van de strijd, maar van de consensus. Ze blaast zichzelf niet op en maakt zich niet groter dan ze is. Het gaat haar niet om 'ik' maar om 'wij'. Ze is een feminien leider, wat iets heel anders is dan een vrouwtjesleider die alle trucs uit de grote vrouwentrukendoos gebruikt om haar zin te krijgen – daarvan zijn er ook genoeg, maar dat is een ander verhaal.

Ik vermoed dat haar vrouw-zijn voor Merkel nooit een rol heeft gespeeld in de wijze waarop ze haar leven en carrière vormgaf. Nadat ze in 1991 door de toenmalige bondskanselier Helmut Kohl was benoemd tot minister voor Vrouwen- en Jeugdzaken, zei ze in interviews dat ze met het thema 'vrouwenzaken' weinig had; niet omdat het haar niet interesseerde maar omdat in haar ideale wereld 'vrouwenzaken' niet bestaan, alleen mensenzaken.

In haar roman *Outline* schetst de Britse schrijver Rachel Cusk een clichébeeld van de Duitse superwoman. 'Ze hadden geweldige banen, runden hun huishoudens als een succesvolle onderneming, gingen dagelijks naar de sportschool en waren zo dun en taai als windhonden [...] en als ze moesten wachten voor een stoplicht bleven ze op de plaats joggen totdat het op groen sprong en ze weer door konden op hun enorme witte schoenen. Hun schoenen waren het enige wat niet elegant aan ze was, en toch vormden die naar mijn idee de sleutel tot het hele mysterie van hun wezen, want alleen een vrouw zonder ijdelheid draagt dat soort schoenen.'

Merkel is bepaald niet 'dun en taai als een windhond' maar een vrouw zonder ijdelheid lijkt ze me wel, en ongetwijfeld speelt haar afkomst daar een rol in. Hoewel geboren in het voormalige West-Duitsland, groeide de predikantsdochter op in het voormalige Oost-Duitsland, waar haar Levi's spijkerbroek gold als toppunt van opstandigheid en frivoliteit. Ze is niet verpest door verschildenkers, ze is als meisje niet vervormd door de terreur van domme westerse schoonheidsidealen. Daarom draagt ze haar jasjes zoals mannen hun uniform. Merkel spéélt geen vrouw, ze ís er gewoon een.

Is haar vrouw-zijn dan helemaal niet bepalend voor de manier waarop ze haar werk doet? Jawel, maar alleen omdat ze als vrouw in ruime mate beschikt over die eerder genoemde feminiene eigenschappen, die je overigens ook bij sommige mannen aantreft (neem onze eigen Mark Rutte) en waaraan de wereld momenteel behoorlijk veel behoefte heeft. Leiders met dat soort eigenschappen willen niet scoren ter meerdere eer en glorie van zichzelf, maar omdat er een bepaald resultaat bereikt moet worden – dat onderscheidt Merkel van bijvoorbeeld de Franse president Emmanuel Macron, die ook heus wel het beste voorheeft met Europa en de wereld, maar daarbij toch net iets te graag de grote keizer uithangt.

Op 18 juni 2019 begon Angela Merkel te trillen, in de weken erna trilde ze opnieuw. Het is niks ernstigs, heeft ze verzekerd, en als Merkel dat zegt dan is dat zo. Een jaar eerder had ze al aangekondigd dat ze na 2021 niet terugkeert als bondskanselier, de functie die ze sinds 2005 bekleedt. Ook dat pleit voor haar: Merkel is geen Berlusconi, Trump of Clinton; ze weet wanneer het tijd is om te stoppen.

Maar toch. Er komen zware tijden aan. De wereld warmt op, de zeespiegel stijgt, de gletsjers smelten. De uitstoot van broeikassen moet naar beneden maar niets wijst erop dat dat gaat lukken; in december 2019 kwamen landen tijdens de klimaattop in Madrid nauwelijks tot concrete plannen. Iedereen kijkt naar iedereen en er gebeurt veel te weinig. Het wachten is op een ramp die er ook in het verwende deel van de wereld in hakt; de overstroming van New York, om maar wat te noemen, waarna men zal besluiten dat alleen een feminiene, maar strenge wereldregering de aarde nog kan redden. En dan moet Merkel aan het hoofd. Er is maar één Angela, en dat is Merkel.

KIJKEND NAAR MERKEL, KIJKEND NAAR MIJ

Madeleijn van den Nieuwenhuizen

Op een koude dag in januari 2015 bevond ik me op zo'n 100 meter afstand van Merkel. Tussen haar en mij een paar duizend mensen, ingepakt in sjaals en mutsen, uit volle borst het Franse volkslied zingend op de Place de la République. Eerder die week werden elf journalisten van satirisch magazine *Charlie Hebdo* doodgeschoten op aanklacht van godslastering, een paar arrondissementen verderop.

Zo'n veertig wereldleiders waren afgereisd naar Parijs, om hun steun te betuigen aan de vrijheid van meningsuiting. Het is een van de laatste keren die ik me kan herinneren dat Europa samenhorig voelde. Merkel liep mee in de herdenkingsmars, arm in arm met de Franse president François Hollande aan haar rechterzijde en de Palestijnse president Mahmoud Abbas aan haar linkerzijde. Ik stond op mijn tenen. Klom op een metalen prullenbak. Tuurde over deinende hoofden, langs spandoeken, zo ver als mijn recalcitrant brilloze ogen kijken konden. Maar het was drukker dan de Kalverstraat op Black Friday en na een paar rijen zwarte jassen lijkt iedereen op elkaar. Ik kon haar niet zien, maar ik was blij dat ze er was, al kon ik niet precies duiden waarom.

Een foto van de verbroederde wereldleiders ging de volgende dag de voorpagina's van de wereld over. In Israël maakte een joods-orthodoxe krant er letterlijk een verbroedering van: alle vrouwen waren eruit gephotoshopt. Mazzeltof Merkel, de Parijse burgemeester Anne Hidalgo, de EU-vertegenwoordiger van Buitenlandse Zaken Federica Mogherini en de Deense premier Helle Thorning-Schmidt.

Een photoshop-*fail* liet de donkere handschoen van Hidalgo liggen op de arm van een mededemonstrant. Ik denk soms aan die handschoen als ik voor mijn studie verouderde geschiedenisboeken doorblader. Vergeelde bladzijden waarop het lijkt alsof, door de eeuwen heen, enkel mannen de pen, megafoon en verantwoordelijkheid oppakten. De sporadische vrouw die haar opwachting maakt – Cleopatra, Jeanne d'Arc, Marie Curie – ligt als de handschoen van Hidalgo op de arm van het traditioneel historisch canon. Vaak is ze meer idee dan individu (machtige halfgodin, heiligverklaarde martelaar; bewijs dat de vrouwelijke wetenschapper bestaat).

Merkel, leider van het land met het hoogste inwoneraantal in de Europese Unie, is in verscheidene opzichten de personificatie van een veranderde tijdsgeest – een tijdsgeest waarin vrouwen vruchten plukken van eerder gestreden strijden, waarin seksuele grenzen bevochten worden met hashtags en onderzoeksjournalistiek, waarin een meisje een globale klimaatbeweging leidt, waarin die genoemde canon wordt herzien.

In veel landen genieten vrouwen meer rechten en vrijheden dan ooit tevoren. Mijn oma werd in de jaren veertig op één dag handelingsonbekwaam voor de wet, en 'eervol' ontslagen door haar werkgever, de overheid. De aanleiding? Het jawoord dat ze mijn opa gaf. Dat overheidsreglement – het niet in dienst willen hebben van getrouwde vrouwen – en die wetsbepaling – vrouwen gelijkstellend aan 'kinderen en zwakzinnigen' – werden in 1955 opgeheven door de inzet van de (ongetrouwde) politicus Corry Tendeloo. Maar ongelijkheid is niet slechts een kwestie van wetten en praktische bezwaren. Mijn moeder zei ooit zachtjes tegen me: 'Ik denk weleens, wat zou ik gedaan hebben als ik opgegroeid was zoals jij?' Ik zei: 'Als je aangemoedigd was om te studeren, als je zoveel had kunnen reizen? Wat had je dan eigenlijk gedaan?' Ze dacht even. 'Ja, dat is het hem juist, dat weet ik niet precies.' Emancipatie is niet enkel het verwerven van kansen geweest, maar ook het verwerven van dromen.

Duitsland vierde in 2018 het 100-jarig bestaan van het vrouwenkiesrecht en de uitbreiding van de verkiesbaarheidstelling, een jaar eerder dan Nederland. Het werd bij onze buren bevochten door vrouwen als Clara Zetkin, die door Kaiser Wilhelm II indertijd omschreven werd als 'de gevaarlijkste heks uit het Duitse Rijk'. Inmiddels staat ze vooral bekend als medeoprichter van Internationale Vrouwendag.

Kort na de val van het conservatieve Duitse Rijk, aan het einde van de Eerste Wereldoorlog, kondigde de nieuwe sociaaldemocratische overheid het gelijke kiesrecht aan, geïnspireerd door activisten als Zetkin en door effectieve communistische bedrijfs- en volksraden waarin ook vrouwen een stem hadden.

Een paar maanden later sprak Marie Juchacz, een sociaal hervormer, als eerste vrouw het Weimar Nationaal Assemblee toe. Wat ze de inzittenden toewierp, was geen warm bedankje voor het vrouwenkiesrecht. 'Wat deze regering deed was een vanzelfsprekendheid: de vrouwen kregen datgene wat hun tot dan toe onrechtmatig werd onthouden.'

En hoewel Duitse vrouwen gretig gebruikmaakten van hun nieuwverworven rechten, bleef het op veel fronten *eine Männerwelt.* Tot 1958 kon een man het werkcontract van zijn vrouw beëindigen zonder haar toestemming of medeweten, tot 1977 mochten Duitse vrouwen wettelijk niet werken zonder toestemming van hun man, en tot 1983 bleef vrouwelijke representatie in het parlement bungelen onder de 10 procent. Daarnaast ligt tot op de dag van vandaag, net als in Nederland, de zorgtaak binnen het gezin bovenmatig bij de vrouw.

Maar toen was er Angela Dorothea Merkel. De vrouw die na een wetenschappelijke carrière in fysica en kwantumchemie de sprong naar de politiek maakte. De vrouw die in de jaren negentig op intrigerende wijze haar politiek mentor en partijleider Helmut Kohl een funeste dolkstoot gaf na een corruptieschandaal. De vrouw die kort daarna zelf partijleider werd, en uiteindelijk bondskanselier. De vrouw die weigerde gereduceerd te worden tot historische statistiek, die er niet voor terugdeinsde haar naam op te eisen in de geschiedenisregisters. Maar wat betekent macht voor deze fysica uit de communistische Duitse Democratische Republiek? En hoe verhoudt ze zich politiek gezien tot haar vrouw-zijn?

***

Vers aangesteld door Kohl in 1991, als minister van Vrouwen- en Jeugdzaken, bevond een nog politiek onervaren Merkel zich in de nasleep van de val van de Berlijnse Muur. Oost- en West-Duitsland zouden na vijfenveertig jaar herenigd worden. Eén markant verschil tussen de twee gebieden was vrouwenparticipatie op de arbeidsmarkt. Volgens denktank Konrad-Adenauer-Stiftung nam in Oost-Duitsland 91 procent van de vrouwen deel aan de arbeidsmarkt, of was in training daarvoor. In West-Duitsland was dat een magere 50 procent van de vrouwen.

In een lezing die Merkel, zelf Oost-Duitse, die zomer gaf over Oost-Duitse vrouwen, sprak ze over politieke macht. 'Macht is niet immoreel of onvrouwelijk, maar noodzakelijk.' Weekblad *Der Spiegel* haalde de uitspraak onlangs aan in een profiel over Merkel. 'Het is een buitengewone zin: aan de ene kant laat het zien hoe machtsbewust de kanselier was aan het begin van haar carrière. Anderzijds toont het dat ze precies wist welke kritische rol haar vrouwelijkheid speelde in relatie tot macht.' Ikzelf hoor vooral iemand die zich bewust is van de bijsmaak die het concept macht voor velen oproept: een *katalyst* voor een gecalculeerd, wellustig eigenbelang. Macht is bovendien iets wat we historisch eerder associeren met mannelijkheid. Merkel lijkt die connotatie af te wijzen, ze zegt: 'Ik denk dat macht verschillende vormen kan aannemen, het is niet immoreel noch onvrouwelijk.'

Haar eigen visie op macht, lijkt er een te zijn van pragmatisch-maar-morele samenwerking. Journalist Kati Marton, die aan een biografie van Merkel werkt, schreef in een profiel in *The Atlantic* dat Merkel haar hoge functie beschouwt als een baan, niet als een identiteit. Waar sommigen Merkel verbouwereerd gadeslaan in haar niet-aflatende welwillendheid in gesprek te blijven met bullebakken als Poetin of Trump, ziet Marton vooral professionaliteit, bekwame diplomatie. Macht is voor Merkel in de eerste plaats een pragmatisch middel om zaken voor elkaar te krijgen, meer dan valuta waarmee je critici afkoopt en vijanden chanteert. Ze schafte de dienstplicht af, onderhandelde over een minimumloon, sloot kerncentrales, lanceerde sancties richting Rusland voor het annexeren van de Krim, opende retorisch haar armen voor vluchtelingen uit het Midden-Oosten en scherpte juridisch het asielzoekersbeleid aan. Mocht iemand nog denken dat pragmatisme apolitiek is, *think again*.

Op persoonlijk vlak is Merkel een leider die de aandacht graag van zichzelf weg leidt. Het maakt haar in de ogen van sommigen ongrijpbaar. Kate Connolly, *Guardian*-correspondent in Berlijn, vertelde in een podcast hoe het ontlokken van persoonlijke of spontaan ongewone uitspraken bemoeilijkt wordt door haar strenge interviewbeleid. 'Wat onfortuinlijk is, is dat je als journalist verplicht bent je antwoorden te laten checken door haar mensen. Zij beslissen vervolgens wat er wel en niet in de officiële versie van het interview mag komen te staan.'

Connolly herinnert zich dat Merkel tijdens een rondetafelgesprek de vraag kreeg welke baan ze had willen hebben als ze geen bondskanselier was geweest. Merkel antwoordde dat het haar stimulerend leek om een arbeidsbureau te leiden, werklozen helpend bij het vinden van betaald werk. Het moest uit het interview. Misschien was het te politiek getint, kon het een verkeerd idee overbrengen, klonk het te onambitieus – wie zal het zeggen. Op een soortgelijke vraag van een groep kinderen antwoordde ze eens: 'Als ik geen bondskanselier was, zou ik astronaut zijn en de aarde rondvliegen.' Dat mocht wel in de krant. Praten over de wetenschap is politiek minder beladen dan werkloosheid, zou dat het zijn? Of staan we – in een wereld van Instagram *live stories* waarin politici in een pot pastasaus roeren en keuvelen over belastinghervorming – wantrouwend tegenover leiders die hun persoonlijke leven in grote lijnen ook, nou ja, persoonlijk houden? Misschien verwarren we ongrijpbaarheid met privacy; een politieke strategie met bescheidenheid.

Haar gematigdheid past goed bij de partij waar ze al sinds 1990 onderdeel van uitmaakt en die ze van 2000 tot 2018 leidde, als eerste vrouw. De Christelijk Democratische Unie van Duitsland (CDU) stond open voor vrouwelijk leiderschap, maar heeft als religieuze partij conservatieve wortels. De partij werd opgericht in 1945 om de politieke oppositie tussen katholicisme en protestantisme te verenigen. In de praktijk is de partij aanhanger van maatschappelijk pluralisme, maar de waarden die het aanhangt zijn overtuigd christelijk. Zo is het gezin de hoeksteen van de samenleving, is het homohuwelijk een contradictio in terminis, en vloeit een streng klimaatbeleid logisch voort uit het idee dat natuurbezoedeling heiligschennis is. Het partijprogramma stelt: 'Volgens christelijk begrip zijn mens, natuur en milieu Gods schepping.'

Niet alleen de CDU, maar Duitsland in het algemeen is

op veel fronten conservatiever dan Nederland. Abortus, bijvoorbeeld, is praktisch toegankelijk voor vrijwel alle vrouwen tot de twaalfde week (ten opzichte van de vierentwintigste week in Nederland), maar is in naam nog wel onderdeel van de Duitse strafwet, ingenesteld tussen wetten omtrent moord en verlating. Praktisch toegankelijk, moreel een groot taboe dus. Merkels CDU is tegenstander van een wetswijziging.

Het homohuwelijk werd legaal in 2017, half ondanks Merkel, half dankzij Merkel. In de aanloop naar de federale verkiezingen dat jaar signaleerden onder meer de sociaaldemocraten en de Groenen dat oppositie van het homohuwelijk een rode lijn zou zijn in coalitievormingsgesprekken. Merkel stond daarop een bindende stemming toe in de Bondsdag wetende dat de meerderheid van parlementsleden vóór zou stemmen. Zelf stemde ze tegen, daarmee haar conservatieve achterban tevredenstellend. Het is het soort strategisch pragmatisme dat je kan doen huiveren of *slow-clappen.*

***

In de mensenmassa van de Parijse protestmars zochten mijn ogen die van Merkel. Maar, nu ik erop terugkijk, was dat meer vanuit fascinatie dan identificatie. Meer vanuit feministische nieuwsgierigheid dan politieke bewondering. Wie is toch deze vrouw, een paar jaar jonger dan mijn moeder, die haar kans greep om als eerste een generatie kinderen onder zich te hebben die zich misschien wel afvragen: 'Kan een man eigenlijk bondskanselier zijn?' En zoals de meme luidt waarop een half-mens-half-robot personage uit een jarennegentig-anime-serie op een vlinder wijst en vraagt of het een duif is, klinkt de meme in mijn hoofd bij Merkel: 'Is dit een rolmodel?'

Ik stel deze vraag half verontschuldigend, omdat vanuit feministische hoek vaak het adagium klinkt: *women supporting women*. Een grammaticaal ietwat vreemde leus, die ik meestal opvat als 'solidariteit onder vrouwen is een nastrevenswaardig goed'. Maar betekent het dat we vrouwen in topfuncties zien als voorbeelden, ook als we hun politieke standpunten niet echt delen?

Of hangt het ermee samen dat ze zichzelf geen feminist noemt? Dat ik vrijwel geen viral filmpjes van haar voorbij zie komen, zoals ik ze wel zie van Elizabeth Warren of Alexandria Ocasio-Cortez, waarin ze *on fire* ageert en bekritiseert? Dat je voor mijn generatie niet bestaat als je geen Twitter hebt waarop je *sassy* replieken en emoji's deelt? Dat ze geen YES BABE-energie uitstraalt maar meer Redelijke Moeder? Dat ze er niet uitziet als Beyoncé? Is het omdat haar politieke beleid niet progressief genoeg is of omdat ik me eigenlijk nooit heb verdiept in wat haar politieke standpunt precies is? Omdat mijn Duits niet vloeiend is?

Ik doe wat je doet als millennial met een existentiële minicrisis: ik ga naar Instagramstories. Mijn account @Zeikschrift – een mediakritisch platform – heeft een vrij groot gevolg, overwegend 20-35 jaar, veelal progressief, een flinke vleug feminisme. Met behulp van polls stel ik een aantal vragen. Zo'n 6000 mensen reageren.

Zie je weleens viral fragmenten van Merkel voorbijkomen, zoals bij andere politici?
Ja – 24%
Zo goed als niet – 76%

Heb je het gevoel te weten waar Merkels politiek voor staat?
Ja, best wel – 23%
Niet echt – 77%

Als meisje/vrouw zie ik Merkel zo:
Prima, maar ik voel geen persoonlijke band – 83%
Een vrouwelijk rolmodel – 17%

Mijn DM-inbox stroomde ondertussen vol met langere uiteenzettingen. Een paar zinsgrepen daaruit: 'Geen feminist, toch?' En: 'Ik was teleurgesteld dat ze tegen het homohuwelijk stemde. Ik vind haar sterk, maar ik wil inclusieve rolmodellen.' En: 'Ze is natuurlijk een mega *badass*, ze moet alleen wel even een betere stylist hebben.' En: 'Vind het eigenlijk wel lekker dat haar leiderschap niet om haar vrouwelijkheid draait, zoals Clinton het wel vaak inzette tijdens haar campagne.' En weer: 'Het is ongelooflijk dat ze zichzelf geen feminist noemt, *I can't*.'

***

De afgelopen vijftien jaar heeft Merkel zich opvallend stil gehouden over het thema feminisme. Het is iets waar ze zich expliciet niet mee identificeert. In 2005, kort voordat ze kanselier werd, gaf Merkel een interview aan het tijdschrift *EMMA* – een Duits feministisch blad, vergelijkbaar met *Opzij*. Het is een opmerkelijk interview, afgenomen door oprichter Alice Schwarzer, waaruit verrassend weinig geciteerd wordt, gegeven hoe frank en vrij beide partijen met elkaar sparren. Ook is het een interessant inkijkje in een feministische dialoog van een andere generatie dan de mijne: Schwarzer is twaalf jaar ouder dan Merkel. In 2005 zijn de vrouwen respectievelijk drieënzestig en eenenvijftig.

Schwarzer: Waarom zouden wij – de niet-traditionele CDU-stemmers – op u stemmen, mevrouw Merkel?

Merkel: Als je voor mij kiest, moet je natuurlijk voor mij kiezen vanwege mijn overtuigingen en concepten en niet alleen vanwege mijn geslacht. Maar het feit dat er een vrouw is om uit te kiezen, maakt het natuurlijk ook de moeite waard om te vragen: wat betekent dit voor andere vrouwen? Vooral voor degenen die al jaren betrokken zijn bij de politiek rondom vrouwen. Ik denk daarnaast dat het feit dat ik hier als vrouw ben ook goed nieuws kan zijn voor andere vrouwen.

Schwarzer: Het is echter niet verborgen gebleven voor bewuste [feministische] vrouwen, dat u sinds u partijleider bent het vrouwenthema hebt gemeden zoals de duivel wijwater mijdt. En dat is niet verbeterd sinds u kandidaat werd voor bondskanselier – het is eerder erger geworden.

Merkel: Ik deel deze evaluatie niet.

[De toon van het gesprek oogt vijandig, maar de twee lijken elkaar te vinden in een erkenning van de vele jongleerballen die je als vrouw in de politiek toegeworpen krijgt.]

Schwarzer: U kent vast de internationale studies: vrouwen krijgen automatisch de gebieden met zogenaamd 'vrouwelijke' kwaliteiten toevertrouwd – sociale zaken, familie enz. – maar ze moeten de 'mannelijke' eigenschappen bewijzen: daarom ging Margaret Thatcher in die tank zitten in de Falklandoorlog en was u nu in Kosovo. Tegelijkertijd verwachten vrouwen dat u als vrouw toegewijd bent aan vrouwen: is dat niet een evenwichtsoefening die een kandidaat voor kanselier moet verscheuren?

Merkel: Als ik kanselier wil worden, moet ik natuurlijk alle politieke velden kunnen bestrijken. Bovendien is het mijn ervaring dat de behoeften en verwachtingen van vrouwen heel verschillend kunnen zijn. Sommigen willen dat ik opkom voor vrouwen. Anderen hebben evenveel vooroordelen tegen vrouwen in de politiek als sommige mannen. En daarnaast verwachten ze dat ik me minstens zo goed gedraag als een man. Dus, wat te doen?

Schwarzer: Het beste is gewoon te doen wat u goed vindt.

Merkel: Dat is precies wat ik doe.

Twaalf jaar later, 2017, wordt tijdens een panelgesprek samen met Ivanka Trump en Christine Lagarde de vraag opgeworpen of ze feministisch zijn. Twee handen gaan enthousiast omhoog. Merkel valt even stil. Ongeduldig geroep klinkt op vanuit het publiek: 'Ja, dat ben je, ja, dat ben je!' Dan antwoordt ze: 'De geschiedenis van feminisme is er een waarmee ik gelijkenissen en verschillen vertoon. Ik wil mezelf geen label opspelden dat ik niet werkelijk draag.'

Je kan beargumenteren dat hoge ambtsbekleders, in hun voorbeeldfunctie, extra verantwoordelijkheid dragen om het label feminist te adopteren als het even kan – het daarmee te ontdoen van de connotatie 'militant gekkie'. Tijdens een congres over de positie van vrouwen in Amerika zei toenmalig president Barack Obama: 'Ik ben een beetje grijzer dan voorheen, maar dit is hoe een feminist eruitziet.' Er schuilt een symbolische waarde, zou je kunnen stellen, in het aannemen en normaliseren van een woord dat een toewijding aan gendergelijkheid impliceert.

Tegelijkertijd: als de jaren 2010 en Twitter ons iets leerden, dan is het wel dat we onszelf gemakkelijker 'woke' geuzennamen aanmeten dan dat we onze nek of euro's in reallife uitsteken om die zelfkroning kracht bij te zetten met daden en middelen. Wat is je feministische badge waard als je hem draagt omdat-ie hip staat, omdat Taylor Swift zich zo noemt en je een leuk T-shirt voorbij zag komen op Instagram waarop stond dat de *future female* is? Misschien best veel. Misschien is dat hoe gesprekken, daden en donaties op gang komen.

Maar het wel of niet dragen van labels moeten we, als zodanig, niet verwarren met handelen. Een kennis van me heet 'intersectioneel feminist' in haar Insta-bio, met een vuur-emoji erachter, maar kan de straat niet oversteken zonder grinnikend op te merken: 'Kijk hoe lelijk die vrouw is, dat zal je toch hebben.' En daar staat een badmeester tegenover die, toen ik acht was en op zwemles zat, een jongetje met bulderende stem het water uit stuurde. Die had jennend gezegd dat meisjes zwak zijn en 'natuurlijk niet goed kunnen zwemmen met die gelatinearmpjes'. Ik durf er vergif op in te nemen dat die badmeester zichzelf geen feminist noemde, maar ik ben hem nooit vergeten.

Later in 2017, tijdens een w20-bijeenkomst, zei koningin Máxima: 'Een feminist is iemand die wil dat vrouwen een kans hebben om gelukkig en trots op zichzelf te zijn.' Merkel sloot zich enigszins schoorvoetend aan en zei: 'Dan... ben ik er ook een.'

Enerzijds is het een wat slappe, mogelijk laffe, definitie van feminisme die uiteindelijk weinig hout snijdt. Mijn oma – degene die ontslagen werd toen ze trouwde en tot 1956 bij wet handelingsonbekwaam was – zei aan het eind van haar leven dat ze een gelukkig leven had geleefd. Ik sluit ook niet uit dat ze zou zeggen trots te zijn, op het succesvol opvoeden van haar kinderen en het zorgen voor het huishouden. Maar in die termen bezien kun je stellen dat geluk en trots slechte graadmeters zijn van gendergelijkheid. Anderzijds zie ik een machtige vrouw die voorzichtig een knikje geeft richting de vrouwenbeweging, een knikje dat extra significantie heeft in een land dat historisch smalend en conservatief tegenover feministen heeft gestaan.

In onze tijd denken we bij protest aan uitingen van ontevredenheid, aan een expliciete afkeuring. Aan meelopen in de klimaatmars, op onze tractoren naar Den Haag rijden of knielen bij een volkslied. Toch is dat een nogal nauwe definitie van protest. Als we kijken naar de geschiedenis, dan zien we dat protest zich bijvoorbeeld ook uit in stilzwijgend verzet. Mijn opa gaf mijn oma huishoudgeld en daarvan mocht ze tevens naar de manicure. Hij vond rode nagellak het meest sexy, en er werd verwacht dat mijn oma daarmee thuiskwam. Soms kwam ze thuis met beige nagellak, want de rode was 'op'.

Vandaag, in een tijd waarin zelfopgeplakte labels de vuurproef van ideologie lijken te zijn, waarin we graag zwart-op-wit willen hebben aan welke kant je staat, maken zij die hun overtuigingen uitdragen in daden of verzakingen ons nerveus. Maar ideologie en protest kennen vele vormen.

Protest is soms: een historisch ongekende aanwezigheid durven opeisen. Protest is soms: beschaving tentoonspreiden als het diplomatieke huis in de fik staat. Protest is soms: belangen van vrouwen behartigen of een vrouwelijke opvolger aandragen zonder het feministisch te noemen. Protest is soms: niet publiekelijk erkennen – misschien zelfs niet voor jezelf – dat wat je aan het doen bent een vorm van protest is.

***

Begin 2019 gaf Merkel een ongewoon persoonlijk interview aan *Die Zeit*, een paar maanden na haar aankondiging af te treden als bondskanselier.

Die Zeit: 'Ben je je tijdens je bondskanselierschap bewuster geworden van je vrouw-zijn?'

Merkel: 'Dat zou ik niet zo stellen. Als natuurkundestudent ervoer ik al dat de mannen op de universiteit extreem dominant waren. In de politiek openbaarde zich een soortgelijke situatie.'

Die Zeit: 'Je was eerder niet bereid jezelf een feminist te noemen.'

Merkel: 'Ik zie vrouwen zoals Alice Schwarzer als feministen. Of Marie Juchacz, die met anderen vocht voor het stemrecht. Ik wilde geen valse lof opzoeken. Zij vochten hun hele leven voor vrouwenrechten op manieren die ik zelf niet kan claimen te hebben gedaan.'

En dan zegt ze: 'Gelijkheid in alle opzichten lijkt mij gewoon logisch.'

Toen ik zocht naar de foto van Merkel arm in arm met wereldleiders op de bespandoekte straten van Parijs, gaf CNN's website me een fotoprofiel van haar. Als klein meisje in een jurkje met vissen erop, tegen een boom aanleunend. Als drieëntwintigjarige op een nieuwjaarsfeestje in Berlijn, de kijker schalks toelachend vanaf de bank naast twee vriendinnen. Rond 1995, met een brede grijns kerstcadeaupapier strijkend met een strijkbout als politiek voorbeeld van duurzaamheid. Wijds gebarend voor een zittende Obama in de bergen van Beieren. Ik kijk naar foto's van een wereldleider, niet naar een [afwijking/uitschieter] in de historische canon. Ik kijk naar een individu, niet naar een idee.

De inzweringsfoto van Merkel in 2005 hypnotiseert me nu al een tijdje. Licht glimlachend, roodbruine lippenstift en een mooi gouden kettinkje om haar nek dat ik ook zou kunnen dragen, haar rechterhand vastbesloten omhoog. Kalm zweert ze trouw aan het land dat ze vijftien jaar zal leiden. Ik kijk naar haar en voel me wel degelijk gezien.

HET VERHAAL VAN MERKEL EN DE TOEKOMST VAN EUROPA

Floor Houwink ten Cate

Ik had een droom.
Ik wilde een voorstelling maken over Angela Merkel, het grootste antispektakel op het wereldtoneel.[2]
Voor aanvang van het repetitieproces lees ik eindeloos veel boeken over haar, *bingewatch* documentaires, speeches en 'rollende-ogen-filmpjes' en maak een reis naar Berlijn en Templin in de hoop haar te ontmoeten. Eenmaal thuis aangekomen schrijf ik een brief aan de acteurs, componist, scenograaf, kostuumontwerper en producenten van de voorstelling waarin ik verslag doe van mijn bevindingen.

--

2 *Merkel* is een coproductie van de theatergezelschappen Nineties Productions en Orkater en ging in première op 28 maart 2019 in Theater Kikker te Utrecht.

Amsterdam, 8 december 2018

Lieve allemaal,

Na mijn researchreis naar Duitsland, ben ik begonnen met het schrijven van deze brief.
Onder begeleiding van theatermaker en schrijver Marjolijn van Heemstra probeerde ik tot de kern van onze voorstelling te komen.
En ik zal jullie eerlijk zeggen: dit is een lang en slopend proces geweest.
Ik schreef in rondjes.
'Floor,' zei ze, 'je weet wat de kern van de voorstelling is, ik lees het tussen de regels door, je zegt het alleen niet hardop.
Kijk eens naar die tafel hiernaast.'
Ik wendde mijn blik naar de groep bejaarden die naast ons in het café taart aten en onbekommerd zaten te kletsen.
'Is dat de toekomst van Europa?'
Ik grinnikte.
'Nee.'
'Begin bij het begin,' zei ze.
En zo geschiedde.
Welkom bij mijn queeste naar de heilige graal; 'het verhaal van Merkel en de toekomst van Europa.'

Het begon allemaal in de laatste week van juli 2017.
Ik beviel van een zoon, Charlie.
Voordat hij ter wereld kwam kocht ik een boek waarin ik van plan was alles bij te houden over zijn eerste keren: omrollen, tanden, staan, lopen, et cetera.
Natuurlijk heb ik er nooit iets in geschreven (ik weet überhaupt niet waar dat boek ligt op dit moment), maar de dag na zijn geboorte vulde ik wel één vraag in:
'Wie zijn de belangrijkste personen ter wereld in jouw geboortejaar?'
Ik had heel sympathiek mijn vriend, zus, ouders en schoonouders kunnen invullen of – een beetje narcistisch – mezelf, maar nee.
Zonder te twijfelen schreef ik daar slechts één naam: Angela Merkel.
En daarachter: 'Sorry, met mij als moeder zal het feminisme je door de strot geduwd worden.'

Angela Merkel, de hoeder van Europa.
De meest invloedrijke vrouw ter wereld en als je het mij vraagt; hét vrouwelijke icoon van deze tijd.
Hoewel dat bijvoeglijk naamwoord 'vrouwelijk' wat haar betreft beter achterwege gelaten kan worden.

Op de vraag of het belangrijk is dat zij bondskanselier is én vrouw, antwoordde ze een aantal jaren terug: 'Nee dat maakt helemaal niet uit, ik had ook een man kunnen zijn.'
Merkel blijft dus liever genderneutraal.
Laat staan dat Merkel hardop zal zeggen dat ze een feminist is.
WTF Angela!
Kijk naar jezelf!
Je bent keihard door dat prachtig ontworpen glazen plafond van de Bundestag heen geschoten en dankzij jou begrijpen meisjes dat het dus wel mogelijk is om bondskanselier of minister-president te worden – zover zijn we in Nederland nog niet eens – , maar je bent dus geen feminist?
Je bent dus geen bondskanselier geworden om te zorgen dat er gelijkheid tussen mannen en vrouwen komt?
Of althans, om te zéggen dat dat je grote doel is.
Want je dwingt die gelijkheid wel degelijk af tussen jou en je mannelijke collega's als Trump, Poetin, Macron, Rutte, Orbán, Erdogan, en eerder Bush, Obama, Sarkozy, Hollande, Berlusconi en ga zo maar door.
Oké, oké, tuurlijk, ik snap het dat die gelijkheid niet je enige motivatie kan zijn.

Want je dient het hele Duitse volk, niet alleen de vrouwen.
Je dient de Europeanen.
Vrouwen en mannen van alle rangen, standen en achtergronden, toch?
'Meine verdammte Pflicht und Schuldigkeit besteht darin, das dieses Europa einen gemeinsamen Weg findet.'
Ben jij een altruïst?
Een moralist?
Een humanist?
Een idealist?
Dus geen feminist?
Een pragmatist?
Ben jij een strateeg?
Of toch gewoon een op macht beluste politica?
Want deze twijfel over of je wel of niet een feminist bent is je zwaar aangerekend en kwam niet zo goed uit tijdens de verkiezingen voor de nieuwe voorzitter van je partij, de CDU.
Dus vervolgens, tijdens de bijeenkomst '100 Jahre Frauenwahlrecht' sprak je bevlogen over de kracht van de vrouw, ook in de politiek, en dat de mannen in de Bundestag een beetje moeten oppassen.
Dat het de beurt is aan de vrouwen.
Vind je dat echt? Of is dat tactiek?

Want het lijkt weer een typisch voorbeeld van
eerst iets niet willen benoemen en merkelen,
zoals de Duitse media je afwachtende houding
noemen, en daarna plots het hete hangijzer in de
hand nemen en te berde brengen.
In hoeverre is dat wat jij propageert ingegeven
door idealisme of strategie?
En in hoeverre is het van belang dat wat jij
propageert ingegeven is door idealisme of
strategie?
Kan een politicus een strateeg en idealist ineen
zijn?
Of is dat gewoon de kern van politiek voeren,
maar is niet iedereen er even goed in?
Wie ben jij?
En daarna: hoe de fuck doorgrond je de
identiteit van een politicus wiens uitspraken en
handelingen zodanig geregisseerd zijn dat het
bijna onmogelijk is 'het eigene', 'het zelf' van de
persoon te vatten?
En dan kom ik in een neerwaartse spiraal terecht:
Maakt het überhaupt uit wat de
persoonsidentiteit van een politicus is?
Gaat het niet gewoon om iemands daden,
leiderschap en het vertrouwen winnen van het
volk en er daarna integer mee omgaan?

Waarom wil ik wel weten wie Merkel is? En niet wie Rutte is?
En dan ben ik terug bij Start.
Omdat zij de hoeder van Europa is.
De meest invloedrijke vrouw ter wereld en als je het mij vraagt: hét vrouwelijke icoon van deze tijd.

Ze is klein (wel 2 centimeter langer dan ik), heeft een witte inmiddels wat verouderde huid en is een beetje gezet.
Ze heeft een kortgeknipte, opgebolde coupe, zoals Beatrix, met een schuin pony'tje.
Haar ogen zijn felblauw, neigen naar groen, en ik moest eindeloos inzoomen op de foto's op Google om te zien wat de kleur nou echt was.
Na een lang beraad met mezelf heb ik ze geclassificeerd als azuurblauw.
Ze heeft lach- en denkrimpels.
Aan de rechterkant van haar gezicht ietsje meer dan links.
Haar mondhoeken zijn in de loop der jaren het grootste slachtoffer van de zwaartekracht geworden en hangen tot bijna onder haar kin.
Als ze serieus kijkt of iets saai vindt, liggen haar ogen zo diep verzonken in hun kassen dat het lijkt alsof ze met haar ogen open slaapt.

De blik inwaarts, noem ik dat liefkozend.
Dan denkt ze waarschijnlijk na over moeilijke dingen.
Maar als ze haar objectieve, zakelijke blik niet kan volhouden en iets afkeurt, rolt ze met haar ogen.
Dan haar kostuum.
Ze draagt twee soorten colbertjes met grote knopen; de ene versie is met borstzakjes, de ander zonder.
Zelden wijkt ze af van dit concept, ze heeft de jasjes en broeken in het gehele kleurenspectrum aangeschaft.
Een goed uniform, het enige nadeel is dat je je armen niet zo hoog kunt optillen, dus het lijkt alsof ze lijm tussen haar schouders heeft.
Haar handen zijn haar *main feature*.
Oude huid die waarschijnlijk omhoog blijft staan als je erin knijpt.
Aders.
Kortgeknipte nagels.
Ik verwacht een beetje klam.
De vingertoppen elkaar zoekend voor ze begint met spreken.
De handenruit.
Daar heeft ze les in gehad.
Om rust en zelfvertrouwen te vinden voor ze gaat spreken of als ze zich in een ongemakkelijke

situatie bevindt en ze niet weet wat ze moet zeggen.
Kortom, haar voorkomen is degelijk, een beetje saai, maar wel betrouwbaar.
Maar goed, ik wil haar natuurlijk niet reduceren tot haar lichaam.
Ik ben op zoek naar het verhaal achter haar gezicht.
Dus pluis ik het internet uit, kijk eindeloos veel filmpjes van haar speeches en rollende ogen en ploeter wat biografieën door.

Angela Dorothea Kasner werd op 17 juli 1954 geboren (ze is dus nu vierenzestig) in Hamburg als domineesdochter van de theoloog Horst Kasner en de Latijn en Engels docente Herlind Kasner.
Toen Angela nog geen zes maanden was, verhuisde het gezin vrijwillig naar de DDR.
Angela groeide op in Templin, een kleine stad ten noorden van Berlijn waar haar vader een interkerkelijk opleidingscentrum leidde, Waldhof.
Daar kreeg ze een broertje, Marcus, en een zusje, Irene.
Doordat hun vader dominee was golden op Waldhof andere regels dan elders in de DDR.
Ze lazen verboden boeken, hadden twee auto's (!) en mochten soms reizen.

Angela was als scholier onopvallend, maar wel
sociaal als het nodig was en ze werkte hard.
Er wordt gesuggereerd dat ze tijdens haar studie
natuurkunde in Leipzig gespioneerd zou hebben
voor de Stasi onder de naam Erika, maar dit is
nooit bewezen.
Merkel zelf zegt dat ze het verzoek tot spionage
van de Stasi heeft afgewimpeld met de woorden
die haar vader haar had ingefluisterd: 'Ik kan
geen geheimen bewaren.'
Een goede truc.
Ze trouwde met haar medestudent Ulrich Merkel,
wiens achternaam ze aanhield nadat ze vijf jaar
later weer scheidden.
Terug alleen, kraakte ze vreedzaam meerdere
huizen in Berlijn en promoveerde in
kwantumfysica.
Het IJzeren Gordijn heeft een grote rol gespeeld
in haar beslissing tot een carrièreswitch.
Tijdens haar gehele studententijd reed ze elke dag
met de tram naar de universiteit.
Een deel van de trip voerde langs de Muur.
Vanuit het raam keek ze naar die ongewenste
begrenzing en vond het een groot offer van haar
ouders dat ze haar en haar broer en zus vrijwillig
lieten opgroeien in het Oosten.
Ze wilde terug naar 'het vrije Westen' en besloot:

'Als ik later met pensioen ben, emigreer ik naar het beloofde land: Amerika.'
Amerika, toen nog haar utopie, nu de dystopische vijand van haar Europa.
Nooit had zij gedacht dat het systeem waarin zij opgegroeid was omvergeworpen zou worden.
Maar toch gebeurde het, op 9 november 1989, en Angela (toen vijfendertig jaar oud) was net op weg naar haar wekelijkse uitje in de sauna.
Ze twijfelde.
Ga ik mee de barricade op of niet?
Ze liep naar de Muur, zag dat het waar was en besloot toch rechtsomkeert te maken richting de sauna.
Ze nam geen deel aan de emotionaliteit.
Terwijl buiten West herenigde met Oost, de eerste mensen de oversteek waagden, vreemden elkaar omhelsden en geliefdes elkaar na jaren weer terugzagen, zat Angela alleen in de sauna te contempleren op het grote 'wat nu'?
Kort daarna sloot ze zich aan bij de Demokratischer Aufbruch die een jaar later in de CDU werd opgenomen.
De leider van de partij, Helmut Kohl, benoemde zijn meisje Angela ('Mein Mädchen') tot minister van Vrouwen- en Jeugdzaken.
Daarna werd ze minister van Milieu,

Natuurbescherming en Reactorveiligheid.
Angela was destijds een verlegen, goedlachse
vrouw met kort haar en waaierige jurken aan.
Een goed voorkomen om je mannelijke collega's
mee te verwarren.
Ze werd intens onderschat binnen haar eigen
partij, niemand dacht dat ze lang zou blijven.
Ze bleek de ultieme underdog.
In 2000 wordt Angela gekozen tot eerste
vrouwelijke partijvoorzitter van de CDU en in
2005 tot de eerste vrouwelijke bondskanselier van
Duitsland.

En ik wil haar voor aanvang van ons
repetitieproces per se ontmoeten.
Dus waag ik via mijn stiefmoeder Lily Sprangers
– voormalig zakelijk directeur van het Duitsland
Instituut – een long shot.
Esra Merkel – onze Duitse
publiciteitsmedewerker en helaas geen familie
van Ulrich Merkel – en ik sturen een brief
naar een van Merkels directe adviseurs, Peter
Altmaier, met de vraag of hij ons kan helpen haar
te ontmoeten.
De brief is überbeleefd en we sluiten af met de
woorden dat als hij dat niet kan, hij haar dan
misschien de groeten wil doen van ons en wil

zeggen dat wij ervan overtuigd zijn dat ze de geschiedenisboeken in zal gaan als belangrijkste vrouwelijke politicus tot nu toe.
En dat ze allebei uiteraard van harte uitgenodigd zijn voor de première.
Het voelt goed.
Maar… na vier weken moet ik constateren dat hij niet reageert.
Later hoor ik van de voormalig Nederlandse ambassadeur in Berlijn, Monique van Daalen, dat hij ook niet mag reageren. Dat het een ongeschreven regel is niks over de bondskanselier te zeggen zolang je nog met haar samenwerkt en dat je echt chic bent als je het erna ook niet doet.

Esra brengt ons in contact met Jeroen Wollaars, voormalig correspondent in Berlijn en nu *Nieuwsuur*-presentator.
Hij vertelt opgewonden dat Merkel grandioos om kan gaan met ijdele mannen.
Dat het haar niks doet:
Trump die weigert haar hand te schudden.
Poetin die zijn honden laat rondlopen terwijl ze een gesprek hebben, expres, om haar te imponeren, omdat bekend is dat ze er doodsbang voor is.
Maar ze blijft rustig in haar stoel zitten terwijl ze aan haar snuffelen.

Of Berlusconi die haar bij een staatsbezoek
twintig minuten voor het oog van de camera
laat wachten voor hij haar begroet, omdat hij
zogenaamd een belletje moet plegen.
Ze lacht naar de journalisten, haalt haar
schouders op en wacht.
Ze heeft een goed gevoel voor humor.
Voor en achter de camera's.
Thuis schijnt ze tijdens familiediners haar
mannelijke collega's briljant te imiteren.
Jeroen geeft ons haar adres, ze woont midden in
Berlijn op Am Kupfergraben.
Hij weet het nummer niet meer precies, 'maar het
is daar waar de beveiliging voor de deur staat'.
(En ik denk: Prima, Peter Altmaier, jij reageert
niet op onze brief, maar ik bel gewoon bij haar
aan binnenkort.)
Tot slot hamert Jeroen erop dat we niet moeten
vergeten dat Merkel in de eerste plaats handelt
vanuit landsbelang.
En niet vanuit Europees belang.

Maar ja, ik, mede-Europeaan, ben best wel 'fan'
van Merkel.
Nationaal gaat het haar iets minder voor de wind.
Het 'wir schaffen das' dat haar in 2015 wereldfaam
bezorgde en de hordes Duitsers die op de

stations de ruim één miljoen vluchtelingen verwelkomden, heeft plaatsgemaakt voor woede en frustratie.
'Wir schaffen das nicht,' is een vaak gebezigde uitspraak.
Haar *Wilkommenskultur* heeft volgens sommigen de opkomst van de extreemrechtse en populistische AfD, Alternative für Deutschland, in de hand gewerkt.
Zo spreken wij in Berlijn een jong meisje op straat die stelt dat 'Duitsland weer van ons moet worden'.
Een oudere man zegt dat Merkel de kloof niet heeft kunnen dichten tussen het arme oosten en het rijke westen.
Iedereen die wij in Berlijn op straat spreken vindt het tijd dat ze opkrast.
Ze zijn klaar met haar.
'Merkel denkt alleen na op de korte termijn, het schort haar aan een langetermijnvisie.'
De jongere linkse generatie haatte haar aanvankelijk vanwege haar conservatisme, en wantrouwt haar nu ze naar links opgeschoven lijkt te zijn.
'Het ene moment vindt ze dit, het volgende moment dat.'
Ze blijkt een ideeën-stofzuiger.

Op de juiste momenten *rauscht* ze de speerpunten van haar opponenten weg om hen de wind uit de zeilen te halen, zoals met de abortuswet en het homohuwelijk.
Iets waar ze zelf tegen zou zijn geweest.
Maar als we hun de vraag stellen wat het alternatief is, valt iedereen stil.
Ze hebben geen idee en iedereen is bang.

We spreken de bekende televisiejournalist Anke Plättner, de Jeroen Pauw van Duitsland, zeg maar.
Zij heeft Merkel zien veranderen van jong en onervaren naar een megastrateeg en zegt dat haar manier van spreken, lopen en kijken is veranderd in die jaren.
Het valt haar op dat Merkel 'lichter' lijkt te bewegen, losser, sinds ze heeft aangekondigd er binnenkort mee op te houden.
Alsof er letterlijk een last van haar schouders is gevallen.
Ook vertelt ze dat Merkel heel goed is in het onthouden van details: van alle mensen om haar heen en dat ze in iedereen even geïnteresseerd is, ook in haar stagiairs.
Zelf vindt ze de mooiste anekdote over Merkel dat ze voor haar vijftigste verjaardag geen groot cadeau vroeg, niet iets materialistisch, maar

een speech van een neurowetenschapper over
artificiële intelligentie.

We knappen op van alle anekdotes, maar
realiseren ons ook dat we overmoedig zijn
geweest.
Esra belt stad en land af om ons binnen te krijgen
om de hoek bij de Bundestag, waar Merkel die
dagen spreekt, maar ondanks het feit dat Esra
en Angela dezelfde achternaam delen en dit de
harten van de Duitsers doet smelten, volharden
ze in hun gründlichkeit:
We hadden ons 6 tot 12 maanden geleden moeten
aanmelden voor zoiets.
En daar wordt zachtjes aan toegevoegd: 'Voor een
normale sterveling is het bijna onmogelijk om bij
haar in de buurt te komen.'

Dus zien we één deur van haar verwijderd op een
scherm met liveverbinding met de Bundestag
hoe Merkel Alice Weidel van de AfD op haar
nummer zet nadat zij heeft geprobeerd Merkel af
te branden in een betoog.
'Wat is het toch heerlijk dat we in een democratie
leven waarin iedereen zijn of haar mening mag
uiten.'
Een zure schaterlach klinkt door het gebouw.

Van een afstand kijken we of het licht brandt in het Bundeskanzleramt, want we weten inmiddels op welke verdieping Merkels kantoor zich bevindt.
Net als de Syrische vluchteling die elke dag opnieuw tegenover haar raam staat met in zijn hand een bord waarop staat dat híj nu wel in Duitsland is, maar zijn familie nog niet.
En of zij hem alsjeblieft wil helpen?
We lopen door haar buurt, posten bij haar huis en gaan naar 'Ulrichs', haar supermarkt, waar ze natuurlijk niet is op dat moment.
Als Esra me glimlachend vraagt of ik dan misschien toch even naar de vleesafdeling wil, omdat Merkel daar ook een persfoto heeft laten maken, realiseer ik me dat we veel te ver zijn afgedreven.

We laten Berlijn voor wat het is en gaan naar Templin, de stad waar ze opgroeide.
De trein raast langs mistige velden en meertjes.
We komen aan op een verlaten stationnetje.
Het regent en het is donker.
'Het ruikt hier naar verdriet,' zegt Esra.
De beste typering van de voormalige DDR so far, vind ik.
En in café Pina zucht ze diep.
Alles aan dit dorp doet haar denken aan vroeger, want ook Esra groeide op in de DDR.

Ze belt met haar ouders om samen herinneringen op te halen.
We drinken sekt in het café om die herinneringen te vieren.
We lopen over het marktplein, langs de stadsmuur, de stad uit.
Langs de treurwilgen aan het water die Merkel vroeger in de zomer moeten hebben zien zwemmen.
Haar basisschool.
De begraafplaats waar haar vader ligt en waar oude vrouwtjes richting de kerk scharrelen waar zojuist een mis begint.
Vinden we uiteindelijk, afgelegen, tussen de bomen, Waldhof.
Het huis waar ze opgroeide en waar de basis werd gelegd voor wie ze vandaag de dag is.
Ik raak de klink aan die zij vroeger ook aangeraakt moet hebben.
De deur gaat open.
Ik sta in de hal waar zij vroeger haar schoenen, jas en tas uitgegooid moet hebben als ze thuiskwam van school.
Ik versteen en denk aan de uitspraak van de nieuwe pater van Waldhof in een van de biografieën.
'Alles is veranderd, zoals dat alles altijd verandert.

Je vindt hier niets terug van Merkel.
Behalve misschien nog haar geest.'

Merkel?
Angela?
Hoor je me?
Wat zie jij dan voor toekomst voor Europa?
Wie moet het dan gaan doen?

De honden van de buurman blaffen en ik schrik me het apelazarus.
Ik zit aan tafel bij Marjolijn en kijk naar de bejaarden naast ons die hun hond tot kalmte manen.

'Ik weet het,' zeg ik.
'Het gaat niet om wat het echte verhaal is.
De kans dat we haar ontmoeten is zo klein.
En al ontmoeten we haar wel.
Ik weet niet hoe relevant haar antwoorden zijn.
Want hoe open, eerlijk en oprecht kan ze zijn als ik haar vraag: "Is het de strijd waard geweest?" en "Wat nu?"'
Ze is en blijft een politicus.
Niets minder, maar ook niets meer.

Het begin van dit verhaal is dat onze kinderen en onze neefjes en nichtjes de toekomst van Europa zijn.
En dat het nog maar de vraag is of zij als zeventigjarigen straks onbekommerd in een cafeetje taart met elkaar kunnen eten.
Zoals elke generatie denken we dat we op een keerpunt staan in de geschiedenis.
Maar zelfs de wetenschappers proberen ons nu duidelijk te maken dat het echt zo is.
De aarde warmt geen 1,5 graad op, maar 2 of misschien zelfs 3.
De gevolgen daarvan zullen desastreus zijn.
In Zweden voert de vijftienjarige Gretha Thunberg in haar eentje een protest tegen politici die weigeren iets te doen aan de klimaatverandering.
Want waarom zou ze in godsnaam naar school gaan en kennis opdoen voor de toekomst terwijl zij ervan doordrongen is dat er geen toekomst is als we nu niet handelen?
Daar komt nog bij dat de wereldorde instabieler is dan ooit.
Evenals Europa intern.
Engeland probeert zich los te snijden van de EU, Macron zal binnenkort mogelijk moeten aftreden omdat hij de kloof niet kan dichten tussen de

elite en het volk, Rutte gaat vast naar Brussel en
Merkel verlaat het wereldtoneel.
Overal zullen nieuwe verkiezingen plaatsvinden.
Overal is het volk bang en boos.
En overal dreigt de grote vraag: Wat nu?

In haar afscheidsspeech die ze hield op 7
december 2018 toen ze stopte als partijvoorzitter
van de CDU sprak Merkel de woorden:
'Ik sta in de tijd en het is tijd voor een nieuw
hoofdstuk.
Het is aan u.'
Ze heeft gelijk.
Dát is de kern.
Wij bepalen wat 'het verhaal van Merkel en de
toekomst van Europa' is.
Aan de hand van vragen.
Wie is Angela Merkel in relatie tot onszelf?
Wat zegt het over ons dat we haar nu kwijtraken?
Wie of wat willen wij dat voor haar in de plaats
komt?
Hoe willen wij ons haar herinneren?
Met welk verhaal brengen wij onze kinderen
groot?
En ons publiek?

Mijn verhaal over Angela Merkel focust op de rol van de vrouw en de ontwikkeling van vrouwelijk leiderschap in het toekomstige Europa waarin mijn kind opgroeit.
Terwijl Esra's relatie tot Merkel het belang is van het opgroeien achter het IJzeren Gordijn, de confrontatie met de Muur, de ongewenste scheiding tussen Oost en West en wat voor gevolgen dit voor iemands leven heeft.
Anne Plättner vertelt het verhaal over Merkels vijftigste verjaardag en het cadeau dat de speech van de neurochirurg was, omdat ze zelf die leeftijd heeft en waarschijnlijk nadenkt over het belang van materialisme versus immaterialisme.
Jeroen Wollaars is onder de indruk van Merkels omgang met ijdele mannen omdat hij daar in zijn werk zelf ook dagelijks mee geconfronteerd wordt.

Lieve allemaal, het verhaal van Merkel en de toekomst van Europa ligt in ons midden.
En ik verheug me erop dit met jullie te ontrafelen.

Lieve groet,
je Floor

--

De spelers schrijven prachtige brieven terug die de basis vormen van onze voorstelling.
Zo wordt *Merkel* in plaats van een portret van haar, een zelfportret van ons als jonge linkse generatie twintigers en dertigers in politieke verwarring, op zoek naar een Groot Verhaal en een politieke held die we in ons eigen land niet kunnen vinden.
De zwijgzame en onbereikbare Merkel, waarop wij van alles kunnen projecteren, wordt onze spiegel.
Maar was het niet Bertolt Brecht die ooit zei:
'Ongelukkig is het land dat helden nodig heeft'?

Na de laatste voorstelling in Maastricht vroeg iemand me wat ik Merkel zou vragen als ik haar nu toch nog ontmoeten zou.
Ik dacht even na.
Zou ik haar als politicus durven aanspreken en wijzen op mijn hoop dat ze haar verantwoordelijkheid neemt en een functie bij de EU betrekt om haar eigen politieke rommel op te ruimen?
Of zou ik haar als mens aanspreken en vragen of 't het nou allemaal wel waard is geweest, dit zware leven?
Als ik eerlijk ben, nodig ik haar het liefste uit voor een vakantie à deux.
Om dan uiteindelijk tot die vragen te kunnen komen.
Een week samen in een berghut.
Overdag wandelen we.

We kijken naar de wereld zoals zij haar op korte termijn achter zal laten en waarin haar sporen zichtbaar zijn.
Terwijl zij zwijgend terugdenkt aan haar leven, denk ik na over waar voor onze generatie kansen liggen diezelfde wereld opnieuw vorm te geven.
'̓s Avonds zitten we op de bank bij het haardvuur met de beentjes omhoog en glazen rode wijn in de hand.
We eten Merkels beroemde aardappelsoep en pruimentaart en worden heel erg dronken.
En dan ineens laat ze haar masker vallen en begint met praten.
In een niet-aflatende woordenstroom keert ze zichzelf binnenstebuiten en legt haar brein en ziel op tafel.
Hoe meer ze vertelt, hoe transparanter ze wordt.
Totdat er bijna niks meer van haar over is.
En ze in rook opgaat.

Marcia Luyten (1971) is journalist, schrijver en presentator. Ze schrijft columns voor *de Volkskrant*, presenteert met enige regelmaat *Met het Oog op Morgen* en werkt aan een biografie over koningin Máxima.

Manon Uphoff (1962) is schrijver van onder andere *Begeerte* (1995), *Gemis* (1997), *De vanger* (2003) en *Koudvuur* (2006). Ze ontving de C.C.S. Crone-prijs voor haar gehele oeuvre. In 2019 verscheen haar roman *Vallen is als vliegen,* dat met veel lof werd ontvangen.

Evelien van Veen (1966) is journalist. Ze schreef voor *ELLE*, was chef-redactie van het vrouwenblad *Red* en werkt sinds 2007 bij *de Volkskrant*, momenteel als coördinator en interviewer van *Volkskrant Magazine*.

Historica **Els Kloek** (1952) doet onderzoek naar de rol van vrouwen in de geschiedenis. Ze schreef onder meer *Vrouw des huizes. Een cultuurgeschiedenis van de Hollandse huisvrouw* (Balans 2009). Ook gaf ze leiding aan de encyclopedie *Digitaal Vrouwenlexicon van Nederland* (www.vrouwenlexicon.nl). Dit project verkreeg vooral bekendheid toen het in boekvorm verscheen: *1001 Vrouwen uit de Nederlandse geschiedenis* (Vantilt 2013) en *1001 Vrouwen in de 20ste eeuw* (Vantilt 2018).

Devika Partiman (1988) is sociaal activist en spreker. Ze is initiatiefnemer van Stichting Stem op een Vrouw, en zet zich in voor de politieke emancipatie en representatie van vrouwen. Daarnaast is zij bestuurslid bij Stichting Nederland Wordt Beter en ambassadeur van Atria. In 2019 ontving ze van de provincie Noord-Holland de Ribbius Peletier-penning voor haar verdiensten.

Cécile Narinx (1970) is (mode)journalist en bladenmaker. Ze was hoofdredacteur van *ELLEgirl*, *ELLE* en *Harper's Bazaar*, schreef onder meer *Geluk is een jurk* en *Dit boek gaat niet over mode* en is nu stijlredacteur bij *de Volkskrant* en *Volkskrant Magazine*.

Margriet Brandsma (1957) is journalist, auteur en Duitslandkenner. Ze was correspondent in Duitsland voor het *NOS Journaal* en schreef meerdere boeken, waaronder *Het mirakel Merkel*.

Sophie Derkzen (1984) is journalist en moderator. Op NPO Radio 1 presenteert ze *Bureau Buitenland*. Ze maakte de podcast *Radio Merkel* en schreef een serie over Duitsland voor *De Correspondent*. Daarvoor werkte ze bij *Vrij Nederland*, als gastredacteur voor *Die Zeit* en op de politieke afdeling van de Nederlandse Ambassade in Berlijn.

Wilma de Rek (1963) is journalist en schrijver. Ze is chef boeken bij *de Volkskrant* en auteur van onder andere *De kleine Darwin*, *Stand-up filosoof* en *Leef als een beest*.

Madeleijn van den Nieuwenhuizen (1991) is PhD-student aan de City University of New York, waar ze politiek-juridisch historisch onderzoek doet. Daarnaast zit ze achter het mediakritische Instagramaccount 'Zeikschrift', waarop ze seksisme, racisme en ongelijkheid in de media aankaart.

Floor Houwink ten Cate (1987) is theater- en filmmaker. Ze regisseerde de voorstelling *Merkel* (2019, Nineties Productions & Orkater), een electro-opera over Merkel en het gespleten Europa dat ze achterlaat.